CITOYENS
ANIMAUX, PHÉNOMÈNES

ÉMILE COLIN, IMPRIMERIE DE LAGNY (S.-ET-M.)

TRISTAN BERNARD

Citoyens
Animaux
Phénomènes

PARIS
ERNEST FLAMMARION, ÉDITEUR
26, RUE RACINE, 26

Citoyens
Animaux
Phénomènes

HISTOIRE DE DEUX FRÈRES SIAMOIS

Vous avez tous appris par cœur cette fable de La Fontaine, où un vieillard, à son lit de mort, conseille à ses enfants de rester unis, s'ils tiennent à prospérer dans la vie.

A qui cette recommandation peut-elle mieux s'adresser qu'à deux frères siamois, qui, tant qu'ils sont unis, peuvent se faire jusqu'à cent cinquante francs par jour dans un cirque, alors que, s'ils s'avisaient de se séparer, ils gagneraient péniblement chacun trente sous par jour, à écrire des adresses de prospectus ?

J'ai connu, à Londres, deux de ces jumeaux unis, appelés communément frères siamois et dénommés scientifiquement xiphopages. Edward-Edmund avaient une fortune assez considérable, qui les dispensait de s'exhiber comme phénomènes.

Edward était né à Manchester, il y a vingt-cinq ans.

Edmund était né également à Manchester, vers la même époque.

Ils se ressemblaient dans leur adolescence d'une façon extraordinaire. A tel point que les personnes qui ne connaissaient pas leur droite de leur gauche n'arrivaient pas à les distinguer.

Pourtant, avec l'âge, des différences morales assez profondes s'accusèrent entre eux. Edward avait des goûts sévères et studieux, Edmund des instincts populaciers. Ce dernier ne se plaisait que dans la société des voyous et des buveurs. Le malheureux Edward, son livre d'étude à la main, était obligé de suivre Edmund dans les tavernes et dans les bouges. Et quand Edmund rentrait saoul au logis, Edward, le rouge au front, était obligé de zigzaguer avec lui, pour ne pas se faire de mal à leur membrane.

Edward devint un érudit distingué. Mais on ne put l'inviter longtemps aux banquets des Sociétés savantes, où le crapuleux Edmund, dès le potage, commençait tout de suite à raconter de ces histoires obscènes que les gens convenables réservent d'ordinaire pour la fin du repas.

L'année dernière, Edward demanda la main d'une belle et riche jeune fille. Le mariage eut lieu en grande pompe. On fut bien forcé d'inviter Edmund, qui se tint d'ailleurs assez bien pendant la cérémonie. Il semblait que sa belle-sœur lui en imposât un peu. Dans le cortège nuptial, la femme d'Edward, Edward lui-même, Edmund et sa demoiselle d'honneur s'avancèrent, tous quatre sur un rang, au milieu de l'admiration générale.

Edmund, le soir du mariage, fut très convenable et très discret. Il s'endormit le premier, et fit semblant, le lendemain matin, de se réveiller très tard. Pendant la lune de miel de son frère, il s'adonna moins à la boisson, surveilla ses paroles et s'habilla proprement, puisqu'il sortait avec une dame.

La jeune femme — ai-je dit qu'elle s'appelait Cecily? — exerçait sur Edmund une grande influence... Au bout de quelque temps, il advint ce qui arrive bien souvent quand on introduit un célibataire dans un ménage. Des relations coupables s'établirent entre Cecily et le perfide Edmund.

Pendant six mois, Edward ne s'aperçut de rien.

Mais tout finit par se savoir.

Edward trouva des lettres dans un tiroir mal fermé, et apprit d'une façon irrécusable que sa femme et son frère le trahissaient tous les jours.

Quel parti lui restait-il à prendre?

Se battre en duel avec Edmund, ce n'était guère conforme aux usages anglais. Il craignit aussi les discussions chinoises des témoins. Le duel au pistolet, à vingt-cinq pas, n'était guère possible, non plus que le duel à l'épée, avec l'interdiction habituelle des corps-à-corps.

D'ailleurs, qu'arriverait-il s'il tuait son frère ? Pourrait-il continuer l'existence commune avec sa femme? Toujours ce cadavre entre eux deux !

Il fit venir Cecily :

— A partir de ce jour, lui dit-il, vous ne profanerez plus le domicile conjugal. Partez.

— Bien, dit-elle.

— Bien, dit Edmund. Je l'accompagne.

Le mari fut obligé de les suivre.

Edmund installa Cecily dans un appartement confortable. Et, comme tout finit par s'arranger chez les xiphopages, ils vécurent tous trois très heureux.

LE TUYAU

Tire-tes-Pieds n'avait pas mangé depuis trente-six heures, quand il fit près du pont de Chatou la rencontre d'un jeune homme sans domicile, qu'on appelait communément le Petit Baron, probablement à cause d'un court paletot beige qu'il portait depuis huit ans.

Ce paletot conservait encore beaucoup d'élégance, malgré certaines coutures supplémentaires qui n'étaient sans doute pas dues à l'aiguille du tailleur originel.

Le Petit Baron n'avait pas trouvé de chaussure assez fashionable pour aller avec son pardessus et avec son pantalon d'artilleur. Aussi marchait-il presque toujours nu-pieds.

Il portait sa nourriture dans un sac de toile. Il se nourrissait des mêmes plats que les habitants des plus riches villas; il les mangeait simplement deux ou trois jours après eux.

Il offrit à Tire-tes-Pieds un pilon de faisan un peu dégarni, un gruyère et du pain.

Puis il lui confia que les habitants de la villa des Azalées étaient partis le matin même aux bains de mer.

Tire-tes-Pieds s'intéressait beaucoup aux « déplacements et villégiatures ». Le Petit Baron était mieux renseigné que n'importe quel informateur mondain, du moins en ce qui concernait la banlieue Ouest.

Tire-tes-Pieds résolut de visiter la villa des Azalées, puisque l'occasion lui permettait de s'y présenter sans déranger personne. Il ne fallait compter que pour mémoire un vénérable serviteur qui couchait au rez-de-chaussée. « C'est rare, dit Tire-tes-Pieds en montrant son couteau à virole, si ce vieux aura le cou plus dur que ce bougre de morceau de pain. »

Tire-tes-Pieds promit au Petit Baron de lui

rapporter quelque souvenir, une timbale d'argent ou une douzaine de petites cuillers.

Vers une heure du matin, il arriva devant la grille. Il grimpa après les barreaux en se servant de ces volutes de fer que les architectes ménagent pour les pieds et les mains des malfaiteurs. Il traversa le jardin, en évitant modestement, bien qu'il fût le personnage principal de ce drame, de se placer sous la projection électrique de la lune.

La porte d'entrée était ouverte : ce qui l'étonna un peu. La porte de la chambre où couchait le vieux serviteur était ouverte aussi.

Tire-tes-Pieds entra dans cette chambre avec précaution, après avoir retiré ses souliers. Il eut d'abord l'impression désagréable de se mouiller les pieds dans un liquide tiède, attrapa le fer d'un lit, tâta un corps étendu, qu'il cribla de coups de couteau rapides. Puis, comme rien ne remuait, il frotta une allumette, alluma une bougie, et vit qu'il avait poignardé un corps sans tête.

Tire-tes-Pieds pensa alors que ce corps sans tête n'était ans doute pas loin d'une tête sans corps. Il aperçut en effet une tête brouillée de sang et de poils gris, près de la cheminée.

— Tiens, se dit Tire-tes-Pieds, il est déjà venu du monde...

Puis il fit une petite tournée dans les tiroirs, qui ne laissa pas d'être fructueuse (car l'autre, comme toujours, en avait beaucoup laissé).

Il rejoignit le Petit Baron près du pont : « Sacré farceur, lui dit-il, t'avais donné le tuyau à un autre. » Il lui remit tout de même six petites cuillers en vermeil. Le métier est assez dur sans qu'on aille encore se mettre mal avec les gens.

VISITES ACADÉMIQUES

Quand on a publié la liste des candidatures
au dernier fauteuil vacant, j'ai été tout surpris
d'y voir figurer le nom d'un vieux camarade à
moi, Honoré Dubouloir.

Rien, jusqu'alors, dans la vie du gros Dubouloir ne me paraissait justifier une telle
prétention. Depuis que je le connais, il ne
s'est jamais occupé que de courtages divers.
S'il me rencontre, il me tend une main énorme,
comme si j'allais y déposer une haltère, secoue
d'une toux puissante et amicale ses bajoues et
son double menton, et me dit joyeusement :
« Ça va toujours, la littérature ? » Mais le fait de
s'intéresser, de loin en loin, à mes travaux, ne

me paraît pas, je le dis sincèrement et sans fausse modestie aucune, constituer un titre suffisant aux suffrages de l'Académie.

Dubouloir a-t-il pensé qu'il serait bon de faire enfin figurer un commerçant dans cette illustre compagnie qui comprend généralement, à titre de gracieux échantillons, un évêque, un avocat, un ingénieur, un militaire?.

A ce compte, pensais-je, on trouverait dans le haut négoce des personnalités plus marquantes que celle de Dubouloir.

Maintenant, qui sait? Dubouloir s'est peut-être décidé à faire de la littérature? Alors, on allait s'amuser.

Cette dernière hypothèse s'est confirmée. Le facteur des imprimés m'a apporté une jolie plaquette intitulée : *Les Raisins noirs*.

C'est une petite réunion de vers assez médiocres, où l'on rencontre les couples d'inséparables bien connus, *voiles et étoiles*, *maîtresses et caresses*, sans parler, bien entendu, de *treille* et de *vermeille*, qui sont de toutes ces fêtes.

Mais enfin tout cela était d'une prosodie régulière. Ce ne pouvait être l'œuvre de Dubouloir.

Hier, à deux heures, à la terrasse d'un café, j'ai aperçu mon ami qui buvait une petite fine. C'est toujours merveille de voir avec quelles délicatesses infinies les doigts épais d'un gros homme manient les petits verres de liqueur.

— Eh bien ! me cria Dubouloir, je suis ravi ! J'en suis à ma vingtième visite ! Tu sais que ces messieurs sont tout à fait aimables. Jules Lemaître est un causeur ! Je ne te dis que ça. De Vogüé est un charmant garçon.

— Et combien auras-tu de voix ?

— Aucune, dit Dubouloir. Ah ! ça, tu plaisantes, ou tu me prends pour une poire ? L'essentiel, pour moi, est d'être bien reçu par ces messieurs, comme je suis reçu d'ordinaire, comme je sais me faire recevoir. Je leur parle de mon petit bouquin : *Les Raisins noirs;* puis, tout doucement, de la question des vignobles. Et je ne m'en vais pas sans leur placer une petite barrique de Saint-Emilion, ou un panier de tisane de champagne.

UN PIGEON VOYAGEUR

Un des plus intéressants journaux de sport a été la *Revue des Sports*, qui n'existe plus aujourd'hui. *La Revue des Sports* portait en sous-titre les noms de ses différentes rubriques : Cyclisme, Yachting, Rowing, Athlétisme, Colombophilie, Tir aux pigeons.

Je n'ai jamais su si c'était le même rédacteur qui s'occupait de la Colombophilie et du Tir aux pigeons.

J'ai eu pour ami un tireur aux pigeons qui, à la façon constante dont il épargnait les pigeons, a senti se révéler en lui des instincts jusqu'alors inconscients de colombophile.

Déposant la carabine, il installa donc un

colombier dans sa petite maison de Neuilly. Mais il y a des sportsmen qui sont malheureux toute leur vie. Celui dont je parle avait élevé des chevaux. Les poulinières de grand sang qu'il s'était procurées restèrent stériles, à l'exception d'une seule, qui mit au monde un petit mulet rachitique dû à la rencontre accidentelle d'un âne pas très bien portant.

Bien que le colombier de mon ami fût installé d'après les prescriptions les plus savantes, ses pigeons n'y revenaient jamais. Il fut obligé de leur attacher à la patte des fils légers. Et, faute de mieux, il convia ses amis à des ascensions de pigeons captifs, qu'il laissait s'envoler à deux cents mètres, et qu'il ramenait ensuite doucement au colombier, en tirant sur la ficelle.

Mais, le mois dernier, je fis la rencontre de mon colombophile qui, cette fois, rayonnait de joie. Il s'était procuré un nouveau pigeon qui ne s'échappait pas du colombier et qui même, lâché à une faible distance, avait consenti à y revenir. Enhardi par cet essai, il avait engagé son pigeon, nommé Fidèle, dans une de ces courses de pigeons voyageurs qui ont lieu entre Bruxelles et Paris. Fidèle avait accompli le parcours dans un temps pas très rapide, assez honorable cependant.

— Depuis, il a recommencé cet exploit deux fois, me dit mon ami. Détail curieux : qu'il parte de Bruxelles à huit heures, neuf heures ou dix heures du matin, il arrive régulièrement à Paris à sept heures du soir, noir de poussière, mais pas du tout fatigué.

Bref, mon ami me parla de Fidèle avec tant d'éloges que je consentis à l'accompagner à Bruxelles avec son pigeon. Fidèle, au départ de Paris, fut enfermé dans un panier et placé dans le fourgon à bagages.

Le lâcher eut lieu le lendemain. Les pigeons s'élevèrent, tournèrent un instant dans le ciel et partirent dans la direction du Sud.

Il me sembla qu'un pigeon ne les suivait pas et se posait sur le toit de la gare du Midi.

Quand nous prîmes le train, à onze heures quarante, j'aperçus un pigeon, — était-ce le même ? — sur le wagon restaurant.

— C'est peut-être Fidèle ? dis-je à mon compagnon.

— C'est vrai qu'il lui ressemble. Mais ce ne peut être lui.

A la douane de Feignies, le pigeon alla se poser sur un arbre, où il attendit patiemment qu'on eût terminé la visite des bagages.

Nous oubliâmes ce fortuit compagnon de route et nous parlâmes de sujets divers pendant que le train, tout à son idée fixe, nous entraînait vers Paris. Arrivés à la gare du Nord, mon compagnon héla une victoria dans la rue de Dunkerque.

A peine installés, nous vîmes un oiseau tournoyer au-dessus de notre tête et se poser sur le siège. C'était Fidèle qui, noir de poussière, se payait encore le trajet de la gare à Neuilly, à côté du cocher.

LA VRAIE NOBLESSE

— Les chevaux de pur-sang, c'est la seule vraie noblesse qui nous reste, dis-je au major Heitner, qui me rasait un peu avec son aristocratique famille, le marquis de Stapy et autres grands de Hollande.

On est sûr qu'il ne s'est pas produit de mésalliance dans l'ascendance d'un pur-sang. Leurs grands-pères n'ont pas commis de fredaines. On les a mariés avec des personnes de race. Et leurs grand'mères ne s'en sont pas laissé conter par des rustres de labour ou des chevaux des Tramways-Sud.

Cette élégante pouliche, qui se vante sur les programmes d'être une fille de Richelieu, est une fille authentique de Richelieu, et descend de Monarque et du fameux Eclipse...

Ainsi causant, le major Heitner et moi nous arrivâmes chez le coiffeur. Un seul fauteuil était libre. Je m'en emparai poliment.

Il faut vous dire que c'est être impoli vis-à-vis du major que de lui rappeler, par des égards et des prévenances, son âge un peu avancé.

Il s'assit à mes côtés, prit sur la table du coiffeur un journal de courses, dont il médita silencieusement les pronostics...

Rien ne ressemble à une prise de voile comme l'opération un peu banalisée de la coupe des cheveux, qui a certainement moins d'importance aujourd'hui qu'aux temps mérovingiens. Le blanc linceul dont l'opérateur vous entoure, le mystère des vaporisateurs et des flacons... Seule, la serviette autour du cou vulgarise un peu cet appareil solennel.

Cependant, les ciseaux volaient autour de ma tête avec un bruit de bec et d'ailes métalliques. Mon linceul se couvrait d'innombrables petits morceaux de cheveux (noirs, madame).

De quoi approvisionner les médaillons de
mes mille et trois petites amies...

— Elle est propre, ta vraie noblesse, me dit
soudain le major en me montrant le journal de
courses.

Je lus, aux annonces des haras, la mention
suivante :

« Stuart, gagnant du Grand Prix : 5.000 fr. »

— Voilà un gagnant de Grand Prix qui de-
mande tranquillement 5.000 francs pour passer quelques instants avec une jument de son
monde. Il publie sans pudeur ses cyniques
prétentions.

Notre noblesse humaine, continua le major,
est moins pure de race, mais laisse-moi croire
que nos gentilshommes ont plus de pudeur
que ces gentils chevaux. Et quand l'un d'eux se
trouve obligé de demander aux dames des
ressources que sa noble extraction lui interdit
de se procurer par le travail, il évite de faire
ses propositions par la voie des journaux.

LA VENGEANCE DE GALUCHE

Galuche, troisième rôle au Grand-Théâtre, m'emmena ce soir-là à la représentation d'un nouveau drame qui donnait de belles espérances à la direction : *Soixante-dix ans* ou la *Vie d'un joueur de jacquet.*

Nous avions dîné ensemble, et Galuche, pendant le repas, n'avait cessé de ricaner. Au dessert, il me confia ses projets :

« Mon directeur, me dit-il, m'a joué un pied de cochon. C'est moi qui fais le traître, le traître Renardeau. Figure-toi que jusqu'à la dernière répétition, il était convenu que j'aurais un costume de garde-chasse, en velours vert, avec des guêtres jaunes. Hier, ces cochons-là décident que je serai habillé en paysan. Je n'ai rien dit. Mais, comme j'ai un engagement prêt à signer à Bruxelles, et que je peux plaquer mon théâtre demain matin, je vais m'amuser ce soir à leur fiche leur pièce par terre. Ecoute bien, d'un bout à l'autre. Je te réponds qu'au dernier tableau tu ne t'embêteras pas. »

Je m'installai derrière un portant, et je suivis avidement les péripéties du drame.

Le personnage principal était un rentier de village, M. Désaubiers, un vieillard d'une vertu inlassable, qui avait gagné sa fortune en semant le bien autour de lui.

Il faisait grâce d'un terme à un de ses fermiers, qui se plaignait de mauvaises récoltes. Il mariait une institutrice pauvre à un jeune contremaître. Au quatrième acte, quand le traître Renardeau essayait de le poignarder sur la place de la mairie, il pardonnait à son agresseur.

Le spectacle de cette vertu était tellement édifiant que le traître Renardeau, vaincu par tant de grandeur d'âme, devait, au dernier tableau, se jeter aux pieds du noble vieillard, et s'écrier : « Je suis un misérable. Toute une vie de contrition n'effacera pas mes fautes. »

L'auteur, debout à mes côtés dans les coulisses, attendait avec émotion cette scène, digne couronnement de son œuvre.

Galuche fit son entrée. Il s'approcha de M. Désaubiers, qui préparait son plus onctueux visage : « Vous n'êtes qu'un vieux daim, lui dit-il, et vous me dégoûtez profondément. »

Je regardai l'auteur. Il allait défaillir.

Mais un tonnerre d'applaudissements le ranima soudain.

Cette apostrophe de Renardeau exprimait admirablement les sentiments des spectateurs qui avaient écouté, avec une certaine impatience, les propos de l'exemplaire Désaubiers.

Ce vieillard avait écœuré tout le monde avec le récit de sa vie laborieuse et l'étalage de sa vertu. Il était arrivé à Paris en sabots et avait gagné la forte somme : il semblait étonnant que le seul amour du prochain l'eût conduit à un si beau résultat.

Les paroles de Galuche jetèrent donc une

lumière nouvelle sur les intentions de la pièce. Le caractère de Désaubiers devenait une magistrale caricature, et le drame apparut à tout le monde, même à l'auteur, comme une œuvre de supérieure ironie.

FUREUR TRAGIQUE

Le jour où le célèbre acteur anglais Harvey Shavenchin, jouant Hamlet et emporté par un mouvement tragique, tua vraiment Polonius (que jouait David Skabby) à travers la tapisserie, il y eut une forte émotion dans Londres.

Shavenchin fut traduit devant le coroner. Mais on prouva qu'il avait agi avec une espèce de fièvre, en dehors de toute responsabilité, et il fut acquitté.

Le jour où il reparut sur la scène, précisément dans le rôle d'Hamlet, on lui fit une ovation extraordinaire. Il joua les premiers actes avec plus d'ardeur que jamais, et arrivé à l'acte de la tapisserie, tua encore Polonius, que jouait Percy Moanful.

Shavenchin fut traduit à nouveau devant le coroner. L'affaire sembla plus difficile à arranger. On l'acquitta cependant, mais on lui fit défense de paraître dans Hamlet.

Il joua donc pendant six mois des rôles très calmes. Mais, au bout de six mois, comme il avait l'air apaisé, on signa de nombreuses pétitions pour qu'il pût reprendre son rôle favori.

Cette fois, le directeur se procura pour le rôle de Polonius un homme dégoûté de la vie et lui assura, pour sa veuve, une indemnité raisonnable.

Puis, le jour de la représentation, la direction fit passer dans les journaux des notes de ce genre :

Il nous revient qu'on a peut-être eu tort de se fier au calme apparent de Harvey Shavenchin. Il paraît que, depuis deux jours, le sympathique comédien donne des signes inquiétants d'agitation.

Il y eut foule le soir au théâtre, et les places se vendirent de deux à cinq guinées.

Le directeur prit à part Shavenchin quelques instants avant l'acte du meurtre :

— Harvey, je vous recommande le calme. Mais la vérité m'oblige à vous dire que Jerry Bamboo, qui joue Polonius, est un homme peu satisfait de la vie. Je suis bien sûr qu'aucun accident ne se produira. A tout hasard, cependant, j'ai assuré une indemnité à Mistress Bamboo.

Or, la pensée qu'il avait presque le droit de tuer Bamboo refroidit complètement Harvey Shavenchin.

Il ne sembla pas à son entrée en scène qu'il eût tout à fait sa fougue accoutumée. Au moment de crier : *Un rat! un rat!* il perça la tapisserie avec une certaine mollesse et ne dut faire à Bamboo qu'une piqûre sans importance.

Malgré la tapisserie, le public vit bien, à la langueur du geste de Shavenchin, qu'aucun accident n'était à déplorer. Des bordées de hurlements et de sifflets forcèrent Harvey à quitter la scène. Il ne put venir à bout du

dernier acte, et, les jours qui suivirent, le tu-
multe fut tel à son entrée en scène, que la
police intervint enfin et l'empêcha de repa-
raître au théâtre — au moins dans le rôle
d'Hamlet.

UN JEU NOUVEAU

C'est vrai qu'on n'est pas juste pour les
femmes, dans la société moderne.

Quand on veut bien leur procurer des emplois, ce sont toujours des emplois désagréables.

On a eu l'air de leur concéder un grand privi-
lège en leur réservant les places d'employées
des téléphones.

Mais c'est un emploi dont aucun homme ne
se fût accommodé.

Les demoiselles du téléphone ne peuvent
même pas lire leurs feuilletons ou leur roman
favori au bureau, où elles sont constamment
dérangées par des sonneries.

La clientèle des téléphones est plus gênante

pour les préposées que le public qui se presse
aux guichets dans les diverses administrations,
et qui, lui du moins, n'a pas à sa disposition
cette sonnerie barbare pour tracasser les employés et les faire sursauter aux plus belles
pages, aux passages les plus touchants d'*Elle
et Lui*, de *François le Champi* ou du *Roman
d'une honnête femme!*

On s'imagine que les demoiselles du téléphone s'amusent beaucoup à écouter les conversations des abonnés.

Si l'on savait à quel point ce passe-temps est
fastidieux, et comme elles s'en lassent vite! Et
combien de propos banals, de conversations
oiseuses il faut subir, avant de surprendre une
confidence intéressante!

Et, la plupart du temps, quand ces conversations sont dépourvues d'intérêt, elles ne sont
pas sans développer de pénibles sensations
d'amertume et d'envie chez les demoiselles du
téléphone. Est-il agréable d'écouter les épan-
chements amoureux de tel abonné de *Wagram*
et de telle abonnée de *Gutenberg?* Et ça fait-il
toujours plaisir d'entendre le fin gourmet du

229.57 convier son compère du 506.29 à venir déguster une excellente carpe au vin, quand on sait qu'on n'aura soi-même aucune part à ces succulentes nourritures ?

On voit par ce rapide aperçu que les demoiselles du téléphone n'ont pas eu jusqu'ici de passe-temps bien divertissants. Elles ont donc été récemment bien inspirées en inventant un jeu nouveau, que nous croyons appelé à une fortune rapide.

Ce jeu, fort ingénieux, s'appelle le loto téléphonique.

Chaque demoiselle a devant elle un certain nombre de cartons où sont inscrits des numéros.

L'abonné imprévu, en demandant la communication, fait l'office de la personne qui, au loto ordinaire, tire les numéros.

De cette façon, les chiffres insipides qui ahurissent, toute la journée, ces pauvres têtes féminines, prennent une signification intéressante, et sont salués d'exclamations joyeuses, quand ils déterminent des ternes, des quaternes et des quines.

RÉVÉLATIONS

Le prince Démétrius était amoureux fou de
la belle Théodore, la troisième fille du marquis
de Marinara. Théodore était âgée de trente
ans. Les prétendants ne lui avaient pas manqué.
Mais cette fille impérieuse avait horreur du mariage.

Quand son père la fiança au prince Démétrius,
elle ne prononça pas une parole, et dans le
secret de son cœur, combina une patiente vengeance.

La veille du mariage, elle appela dans sa
chambre un écuyer du palais. Elle se livra à
cet homme, puis le mit à la porte, en lui disant :
« Motus sur tout ceci. »

Le mariage eut lieu en grande pompe. Théodore rayonnait d'une joie amère. Le prince semblait un peu soucieux.

Quand les douze heures de minuit tintèrent, on conduisit à ses appartements la belle Théodore.

Trois trimestres après la cérémonie, le nom d'un enfant mâle fut inscrit sur les feuilles d'ivoire : Arthur, fils de Démétrius, prince régnant, et de Théodore, sans profession.

L'enfant grandit, choyé par son père, adoré par sa mère. Quand il eut six ans, on lui apprit le maniement de l'arc. Qu'il demandât un cheval de selle, un lévrier d'Ecosse, son père exauçait ses désirs sur-le-champ.

Cependant, la princesse Théodore ricanait affreusement, en pensant à l'avenir.

Quand Arthur eut dix-huit ans, il partit au service militaire. Comme héritier présomptif, il n'avait qu'un an à faire. Il revint dans ses foyers avec le grade de colonel.

Cependant l'heure de la vengeance approchait.

Le jour où Arthur eut vingt ans, la princesse

Théodore fit appeler son époux dans la salle des gardes.

— Vous m'avez épousée contre mon gré, lui dit-elle. J'ai voulu une vengeance exceptionnelle et exemplaire. Cet Arthur, que vous avez choyé pendant vingt ans, n'est que mon fils, prince Démétrius. Il n'est pas le vôtre.

Et elle s'arrêta pour jouir de l'effet de ses paroles.

Le prince Démétrius alluma une cigarette.

— Vous n'êtes pas très exactement renseignée, madame, car c'est exactement le contraire.

— Comment ça? dit la princesse Théodore.

— Arthur, poursuivit le prince, est mon fils à moi, Démétrius, mais il n'est pas le vôtre à vous. Instruit de vos machinations, j'ai substitué à votre enfant au berceau un enfant à moi, que j'avais eu d'une chambrière. Voilà l'Arthur que vous avez choyé pendant vingt ans. Il faudra donc recommencer ça, ma brave dame. Pour cette fois, j'ai le regret de vous dire que c'est manqué.

L'HEUREUX CHASSEUR

Je vous parle d'il y a trente ans.

A cette époque, le jeune M. Jaboin suivait les grandes chasses, à Compiègne, à Fontainebleau, à Rambouillet.

Mais — détail curieux — si giboyeuses que fussent les forêts où M. Jaboin était admis, il ne parvint jamais à tuer le moindre gibier.

Par exemple, il lui arriva de blesser des gardes, et maints invités, parfois, hélas! de façon mortelle.

Il tua aussi beaucoup de chiens, deux chevaux et une vache laitière.

Sans qu'il sût pourquoi, on l'invita de moins en moins.

On finit même par le tenir à l'écart d'une façon un peu systématique.

— Il y a certainement une raison politique là-dessous, pensa-t-il, bien qu'il n'eût jamais fait de politique.

Quand la guerre fut déclarée, M. Jaboin s'engagea.

Dès le début des hostilités, il eut l'occasion de prendre part à un petit fait d'armes.

Il était parti chercher des vivres avec un autre homme et un sergent.

Les trois hommes pensaient bien ne pas faire de mauvaise rencontre. Aussi, afin de pouvoir se charger de beaucoup de vivres, n'avaient-ils emporté qu'un fusil et une seule cartouche.

Comme ils longeaient une route, ils virent un nuage de poussière qui se formait au bout de la route.

C'était un cavalier ennemi qui s'avançait au petit galop.

— Nous allons nous dissimuler derrière ce bouquet d'arbres, dit le sergent.

— Y a-t-il un bon tireur pour nous dégoter ce particulier-là ?

M. Jaboin s'avança, modeste.

— Je suis un assez bon fusil, dit-il. J'ai beaucoup suivi les chasses.

— Eh bien, prends-moi ce flingot, dit le sergent, et tâche de t'en servir.

M. Jaboin tremblait un peu. Il avait « descendu » d'autres individus dans sa carrière de chasseur, mais, maintenant qu'il s'agissait de le faire exprès, allait-il aussi bien réussir?

L'homme n'était qu'à trente pas.

— Feu ! dit le sergent.

M. Jaboin tira.

L'homme regarda de leur côté, piqua des deux, et s'éloigna à une allure rapide.

Mais du poil avait volé, et quelque chose de jaune, à vingt pas du cavalier, avait roulé près de la route.

M. Jaboin venait de tuer son premier lièvre.

MISE AU POINT

On croyait cette histoire liquidée depuis longtemps. Mais puisqu'il faut y revenir encore,
précisons.

Adam et Eve se promenaient dans un jardin
zoologique, qui avait reçu le nom d'Eden, probablement pour attirer le monde. Il n'y venait
d'ailleurs personne, et il fallait avoir un certain
estomac pour avoir installé un jardin zoologique dans un pays où il n'y avait que deux
habitants.

Il est vrai que les frais d'installation étaient
des plus minimes.

On s'était dispensé de poser des grilles autour
des fauves, ainsi qu'il est d'usage dans les jar-

dins zoologiques ordinaires, où l'on tient à faire croire aux visiteurs payants que les lions et les tigres sont des animaux dangereux.

Il n'y avait donc aucune espèce de grillages ni de barrières, ni de ces étiquettes injurieuses où les loups sont traités de loups vulgaires, et les panthères de panthères communes.

Un Muséum, très intéressant, ma foi, renfermait les squelettes de quelques animaux postdiluviens.

Quant aux animaux antédiluviens, ils erraient paisiblement dans les allées. Les plus remarquables étaient l'éléphant à tête de mouche, le rhinocéros-écureuil, la souris à deux bosses.

On admirait aussi l'ichtyosaure, le plectiosaure, et le fameux harensaure, dont il a été si souvent question, et qui n'était simplement qu'une sorte de lézard avec des pattes de hareng.

Le Tout-Puissant avait été très convenable avec le ménage Adam. Il leur avait dit : « Je vous donne vos entrées. Vous pourrez venir ici tant que vous voudrez. Je ne vous remets pas de ticket : je serai à la grande porte d'entrée, et je vous reconnaîtrai. Je vous connais comme si je vous avais faits. D'ailleurs il n'y a pas de confusion possible, puisque vous êtes les seuls humains actuellement sur terre. Vous ferez ce que vous voudrez dans le jardin. Vous donnerez à manger aux phoques, vous vous promènerez toute la journée sur l'éléphant, le chameau, ou dans la petite voiture de l'autruche. Une seule recommandation cependant : ne touchez pas à mon arbre fruitier. Je n'en ai qu'un, et j'y tiens. »

Pourquoi y tenait-il? Il ne l'a jamais dit au juste. Mais, en somme, c'était son affaire. Les Adam profitèrent de la permission, et bientôt on ne rencontra qu'eux dans le jardin zoologique. Ils n'avaient aucune distraction, personne à voir dans le pays. Il fallait vraiment qu'ils manquassent de relations pour lier connaissance avec un serpent.

Ils rencontrèrent le serpent qui rampait dans une allée, en sifflant. Adam lui dit : « Vous vous croyez donc dans une écurie? » La conversation s'engagea. Les propos de ce couple naïf et de ce reptile désœuvré ne pouvaient aboutir qu'aux projets les plus futiles. Au bout de quinze jours de bavardages, le serpent leur conseilla de manger une pomme.

Quand le Tout-Puissant s'aperçut qu'il manquait un fruit à son arbre, il fut très choqué, non pas du fait en lui-même, auquel il n'attachait pas une importance capitale, mais simplement du procédé. Il se borna à prier le couple Adam de ne plus remettre les pieds au Jardin zoologique.

Tel est, ramené à ses justes proportions, cet incident dont on a tant parlé.

BOUTEILLES A LA MER

Avec M. Leïvélé-Pfacht, le jeune industriel bien connu, aucune idée ne reste improductive. C'est à lui, on le sait, qu'on doit cette fameuse entreprise de la *Conservation des Chapeaux de Paille pendant l'Hiver*. Si cette affaire, si intéressante, n'a pas encore donné de résultats bien palpables, c'est que l'éducation du public est à faire et que toutes les personnes qui donnent leurs fourrures à conserver l'été n'ont pas encore pris l'habitude d'envoyer leurs chapeaux de paille à garder pendant la mauvaise saison.

M. Leïvélé-Pfacht se trouvait un jour au Châ-

telet, où l'on jouait *Robinson Crusoé.* Très ému
par l'infortune du naufragé, il remarqua avec
plaisir qu'une bouteille mise à la mer par le
malheureux anglais arrivait au bout de dix
années à l'Ecole des Cadets de Portsmouth, où
se trouvait précisément le fils de Robinson.

M. Leïvélé-Pfacht se dit alors, avec juste
raison : Comment n'a-t-on pas encore utilisé
les bonnes dispositions de la Providence, qui
favorise si bien la correspondance par bouteilles entre les naufragés et leurs familles ?

M. Pfacht va donc créer au Havre, à Londres
et à New-York, la *Grande Compagnie des bouteilles à la mer.*

Cette Société, qui disposera d'un capital très
élevé, armera un certain nombre de steamers
chargés d'aller ramasser les bouteilles à la
surface des deux Océans, et de les envoyer, par
les moyens les plus rapides, aux familles des
Robinsons.

Les familles peuvent écrire à leurs parents
disparus. La Société ne se charge pas, bien
entendu, dans ce dernier service, de remettre les bouteilles en mains propres à leurs

destinataires. Aussi ne reçoit-elle pas d'objets recommandés.

Elle ne se charge pas non plus des recouvrements, quittances d'abonnements, etc.

Pour bien faire comprendre le fonctionnement de la nouvelle entreprise, adoptons, si vous le voulez bien, un exemple :

Monsieur N..., vieux loup de mer, a disparu dans un naufrage.

Madame N..., qui tient à correspondre avec son mari, écrit sur un morceau de papier une lettre de ce genre :

« Mon cher mari,

« Où es-tu? Que deviens-tu? Nous attendons avec angoisse de tes nouvelles. Dis-nous si tu es en bonne santé, et où tu te trouves exactement.

« Dis-nous également où tu as caché la clef de la petite cave à liqueurs, que nous n'avons pu réussir à ouvrir depuis ton départ. »

La lettre terminée, Mme N... l'introduira dans un flacon de parfumerie quelconque et l'adressera, sous un timbre d'affranchissement spécial, au directeur des bureaux du Havre. L'adresse sera collée en dedans de la bouteille de façon à ce qu'elle soit lisible à travers le verre. Elle mentionnera les nom, prénoms et surnoms du naufragé et l'indication des parages où il a dû disparaître : les environs de la Terre de Feu, par exemple.

Le steamer *la Ville de Bois-Colombes*, qui passe à la Terre de Feu dans sa tournée, ira jeter la bouteille. Un délai maximum de trois mois s'écoule entre l'envoi de la bouteille au Havre et le dépôt de la bouteille dans la mer. La Providence se charge du reste. Si elle y met du sien (et il n'est pas mauvais de faire quelques petites démarches auprès d'elle sous forme de prières), la réponse du capitaine pourra parvenir à Mme N... au bout de six autres mois. Et la pauvre femme lira avec émotion des nouvelles de son mari :

« Ma chère Mélanie,

« Me voici complètement seul, dans une île déserte, dont je ne sais pas même le nom. En a-t-elle seulement un? J'ai perdu dans mon naufrage mon sextant et ma boussole. Je ne puis donc te dire exactement où je suis. J'en suis réduit à attendre le passage des navires. Je serai peut-être rapatrié dans quinze jours, peut-être dans soixante ans. Envoie-moi donc quelques bouteilles avec divers objets qui me font défaut :

« 1° Un fer à friser les moustaches ; 2° Un petit appareil téléphonique pour installer entre ma cabane et mon observatoire de barre ; 3° Un peu de coton rose pour mettre dans les oreilles.

« Je t'embrasse,

« EUGÈNE.

« J'ai reçu par le dernier courrier une lettre de mariage de Gaston. Envoie-lui directement mes félicitations, car il me reste très peu de bouteilles. »

DÉCONFITURE DE M. LEÏVÉLÉ-PFACHT

M. Leïvélé-Pfacht a été, ces temps derniers,
dans d'assez mauvaises affaires. Sa dernière entreprise des *Bouteilles à la Mer* ayant fait perdre
quelque argent à ses commanditaires habituels,
il les engagea, pour qu'ils pussent rattraper
leurs fonds, à subventionner, dans une assez
grande ville de province, un théâtre dont il prit
la direction.

Les vingt-cinq mille francs de commandite
furent absorbés par les frais de premier établissement (à savoir un voyage à Londres avec
une amie, une petite saison de soupers à Paris
avec une autre amie et divers placements au
pari mutuel).

Sa commandite dépensée, M. Pfacht entra en fonctions et résolut d'appliquer dans sa gestion les principes de l'économie la plus serrée et la plus méticuleuse.

C'est ainsi qu'il prétendit réduire au minimum le nombre des acteurs, et, pour arriver à ce but, fit subir aux pièces du répertoire des modifications importantes. *Les Deux Orphelines* devinrent *Une Orpheline*. Il joua également *Le Sergent de la Rochelle*. Dans le genre comique, il fit représenter *Le Plus Heureux des Deux* et *Une Femme pour un Mari*.

Ces légers changements n'allaient pas sans altérer un peu la signification de ces fameux ouvrages.

Il aimait beaucoup les pièces à ressemblances, comme *le Courrier de Lyon*, où le même acteur joue Lesurques et Dubosc. Il imaginait même des ressemblances qui n'étaient pas dans la version primitive. Fouinard ressemblait au juge et Chopard était le sosie de l'avocat. La pièce y gagnait en complication.

Il évita de renouveler son fonds de décors qui comprenait un salon blanc, un salon rouge et une prison. C'est là-dedans qu'il joua *les Pirates de la Savane* et *le Tour du Monde en 80 jours*.

Une nuit, n'ayant pas soupé depuis une semaine, il vendit ses trois décors à un restaurateur. Puis il composa une pièce, qui put se jouer sans décors, sur la scène nue. C'était une féerie, qui s'appelait *le Royaume des Machinistes*.

Les vrais machinistes ayant fait grève depuis longtemps, ils étaient représentés par les quelques acteurs qui restaient dans la troupe.

Et, pour faire une bonne réclame à la pièce nouvelle, il convoqua, pour une communication importante, ses soixante-dix créanciers, à huit heures du soir, devant le théâtre, de sorte qu'il y eut une queue imposante à l'ouverture des bureaux.

CHRONIQUE DES SCIENCES, DES ARTS

ET DE LA VIE PRATIQUE

I

Extension du service des ambulances urbaines.
Un nouveau système d'ascenseur.

Quand on a créé l'utile service des ambulances urbaines, on n'a pas prévu les conséquences qu'entraînerait la mise en pratique de
cette idée humanitaire.

On sait que ces voitures circulent dans Paris
à très grande allure. Elles sont munies d'un
timbre avertisseur pour faire ranger les piétons.
Mais cette précaution se trouve être insuffisante,

et de nombreux piétons sont écrasés chaque jour par ces rapides véhicules.

On calcule qu'en moyenne une voiture d'ambulance renverse cinq personnes par voyage.

Pour recueillir les victimes, on a dû mettre en construction cinq fois dix-huit, soit quatre-vingt-dix voitures nouvelles, lesquelles, dès leur première sortie, écraseront quatre cent cinquante passants.

On voit, rien que par ces premiers chiffres, quelle grande extension prendra, dans un avenir rapproché, le service des ambulances urbaines.

II

Vous avez déjà admiré la belle maxime qui figure en tête de la pancarte suspendue dans les ascenseurs :

L'ascenseur est destiné aux personnes qui ont à monter et non à celles qui ont à descendre !

Cette fière devise des ascenseurs est vraiment d'une grande élévation.

On vient d'expérimenter dans des maisons

neuves de Passy un système d'ascenseurs qui réalise une sérieuse économie sur tous les autres.

La question était intéressante. Sans être énormes, les frais de l'ascenseur représentent une certaine somme dans le modeste budget des dépenses d'un propriétaire. Le moyen le plus usité jusqu'ici pour réduire ces frais consistait à suspendre, deux ou trois fois par semaine, à la porte de l'ascenseur, cet écriteau, d'un scepticisme un peu brutal : *L'ascenseur ne marche pas.*

Le nouveau système, qui présente une grande supériorité sur l'ascenseur hydraulique et sur l'ascenseur électrique, n'est autre que l'ascenseur à force humaine.

C'est la personne installée dans l'ascenseur qui le fait monter elle-même, grâce à un ingénieux dispositif de pédales. Le mouvement s'apprend rapidement. Les jambes se meuvent de la même façon que dans l'exercice qui consiste à gravir un escalier.

Ajoutons que l'effort est à peine plus grand.

LE TALISMAN

I

Quand le voyageur, venant de la place Saint-Augustin, débouche de la rue de la Pépinière, il trouve sur sa gauche un imposant monument, qui n'est autre que la gare Saint-Lazare, et qui se trouve précédé, en cet endroit, d'un vaste enclos entouré de grilles, qui a reçu le nom de *Cour de Rome*.

Ce n'est point là, ainsi que ce nom pourrait le faire croire, que se réunissent les courtisans du roi Humbert ou les cardinaux du Saint-Siège.

La cour de Rome est surtout occupée en son

milieu par des omnibus jaunes, qui vont de la gare Saint-Lazare au Château-d'Eau ou à la Pointe-Saint-Eustache. Ces voitures, attelées de vigoureux chevaux, font entendre, quand elles marchent, un bruit épouvantable de vaisselle brisée. Ce bruit est remplacé, quand les encombrements les forcent à s'arrêter sous le frein, par les cris de cinquante enfants égorgés et d'autant de veaux suppliciés, qui gémissent dans les roues.

Le long des grilles, à l'intérieur, la cour de Rome est ornée de petits « édicules » autour desquels se pressent constamment un grand nombre de voyageurs.

Le vicomte Gaston, descendant du train de Maisons-Laffitte, avait pris son rang dans une file d'hommes de tout âge qui attendaient leur tour, à l'entrée d'un de ces édicules. Il allait y pénétrer, quand il entendit derrière lui les plaintes douces d'un vieillard modestement vêtu. N'écoutant que son bon cœur, le vicomte Gaston lui céda son tour. Et le vieillard, sans avoir le temps de remercier, se précipita dans une stalle vide.

Quelques instants après, le vicomte eut à sa

disposition une autre stalle. Il sortit bientôt de la cour de Rome et ne pensait plus à cette banale aventure, où il avait donné une preuve de sa courtoisie, moins pour ce vieillard inconnu que pour sa satisfaction personnelle. Le jour tombait. Gaston avait pris à pas lents la rue de l'Arcade...

Au coin de la rue des Mathurins, dans un petit carrefour à peu près désert, il se trouva en face du vieil homme dont les cheveux gris, sous le haut-de-forme un peu usé, brillaient d'une lueur surnaturelle.

— Je suis le bienheureux saint Athanase, dit le vieillard avec un fort accent du Midi. Tu m'as rendu tout à l'heure un grand service, car je souffre d'une maladie de la vessie. Pour récompenser ta piété, je vais te faire un don inestimable. Le premier bossu que tu rencontreras, passe-lui la main trois fois sur sa bosse. Et, durant vingt-quatre heures, la chance te favorisera dans tout ce qu'il te plaira d'entreprendre.

II

Le lendemain à cinq heures, en descendant du train d'Achères, le vicomte Gaston rencontra dans la cour de Rome un de ces vieux facteurs de la maison Bonnard-Bidault, qui vont distribuant des prospectus chez les concierges.

Le facteur avait une bosse magnifique. Le vicomte, selon les recommandations, lui passa la main trois fois sur sa bosse.

Puis, le soir même, il se rendit au cercle, joua un jeu d'enfer et perdit cinquante-deux mille francs.

III

Le lendemain, il alla aux courses d'Auteuil et perdit soixante-quatorze mille francs.

Après les courses d'Auteuil, il revint dans la cour de Rome et attendit le bienheureux saint Athanase, dans l'intention de lui flanquer une tournée.

IV

Le bienheureux saint Athanase descendit lentement d'un omnibus jaune (consacré au bienheureux saint Eustache). Le vicomte Gaston s'approcha, et, avant d'en venir aux voies de fait, il exposa dans un langage violent toutes ses rancunes.

— Voyons, voyons, dit paisiblement saint Athanase. Avez-vous bien, comme je vous l'ai recommandé, caressé la bosse d'un bossu ?

— Absolument, dit le vicomte. Et tenez, c'est celle de ce bossu-là...

Et il lui montra le vieux facteur de Bonnard-Bidault, qui entrait précisément dans la cour de Rome.

Alors le saint éclata de rire...

— Ça, un bossu ? s'écria-t-il. C'est un facteur qui fourre ses paquets d'imprimés dans son dos, sous sa pèlerine, pour les préserver de la pluie...

DÉGOUTÉ DE L'ORTHOGRAPHE

Où sont les succès d'antan? Le petit Jean qui, chaque année, haut la main, remportait le prix d'orthographe, revient du lycée avec des bulletins un peu affligeants. Il est vingtième, vingt-deuxième, dans ces eaux-là.

Ça lui est d'ailleurs complètement égal. Il a prouvé qu'il pouvait avoir des prix; maintenant il se repose. Il se désintéresse du lycée. Il ne veut même plus savoir dans quelle classe il est. L'autre jour, un ami de la maison, pour dire quelque chose, lui a demandé : Dans quelle classe es-tu? Il a répondu : Je ne sais pas exactement. Ça finit en *ième*.

Il ne faut pas croire cependant qu'il ait désappris l'orthographe. Il affronte vaillamment des mots comme *hiéroglyphe*, *emphysème*, et triomphe en se jouant de tous les participes, ceux de l'auxiliaire être, ceux de l'auxiliaire avoir et jusqu'à ceux qui sont suivis d'un infi- nitif, et dont M. Sarcey lui-même prétendait n'avoir jamais pu venir à bout. Seulement l'or- thographe ne le passionne plus. Il la sait. Il préfère cent fois réfléchir, pendant la dictée, à des sciences qu'il ne connaît pas.

Il veut bien faire accorder les adjectifs et les substantifs, les substantifs et les verbes, mais à condition qu'ils se présentent ensemble et qu'ils ne soient pas séparés par de longues incidentes. Autrement, tant pis pour l'adjectif oublié dans la distribution des *s* du pluriel ou des *e* du fémi- nin.

Il n'avait qu'à venir plus tôt.

Quand, au cours d'une dictée, l'historien, parlant des Perses, se décide à nous dire ce qu'ils étaient, après plusieurs incidentes, à sa- voir *ardents* et *efféminés*, il a passé, entre le substantif et l'adjectif, beaucoup d'eau sous les ponts. Divers événements se sont produits :

Langrenu (Victor) a laissé tomber sa règle.

Parfois l'événement est encore plus considérable : c'est toute une rangée d'élèves qui se
poussent. Langrenu (Edmond) va glisser du banc.
Il n'ose cafarder, et jette un regard effaré vers
ie professeur, qui aura peut-être l'idée de re-
garder de son côté.

Alors, Jean, la plume en l'air, laisse passer
toute une phrase de la dictée, de sorte que Thémistocle, frappé par un Grec, ne répond plus :
Frappe, mais écoute. Mais il ressort du rapport
écrit de Jean que le héros s'est tenu coi. Ce qui
diminue singulièrement son attitude dans l'histoire.

Les réponses de Thémistocle étouffées, le dé-
saccord persistant des sujets et des verbes ont
des conséquences déplorables. Jean est répri-
mandé et puni. Aussi, bien qu'il n'ait pas dix
ans, est-il complètement dégoûté de l'orthographe. Il m'a confié l'autre jour qu'il n'aimait
plus que la *joyraphie.*

Mais il ne se contente pas, en jographie, des
données de la science, et passe ses heures
d'étude, le crayon à la main, à modifier son

atlas par de hardies conceptions. Il est surtout
préoccupé de la grandeur de Paris, qu'il trouve
trop petit sur les cartes. Aussi, chaque jour,
depuis deux mois, en augmente-t-il sournoise-
ment le périmètre. Paris, m'a-t-il dit hier, d'un
air de triomphe, est maintenant aussi grand
que cinq départements. Bientôt il ira jusqu'à la
mer, ajoute-t-il plein de confiance, et ce sera
Paris port de mer.

REVUE DE L'ARMÉE MONÉGASQUE

L'armée monégasque, que le prince de Monaco
a récemment supprimée, avait été passée en
revue il y a quelques années par M. Félix
Faure.

La précédente revue, passée en l'honneur de
S. M. Victoria, n'avait mis en ligne que huit
hommes, six officiers et un homme orchestre.

Cette fois, l'effectif était renforcé de trois ré-
servistes et d'un territorial. Ce qui portait à
trois hommes l'effectif de chacune des quatre
brigades.

D'autre part, le caporalissime étant désormais
assisté d'un chef d'état-minor (nouvelle fonc-
tion), le nombre des officiers était de sept, y

compris les deux caporaux de division et les quatre caporaux de brigade.

Le dernier caporalissime était un officier fort distingué, de belle prestance et de belle mine, malgré ses 88 ans.

On sait qu'à Monaco la limite d'âge du haut commandement était de 90 ans, et de 115 ans pour les caporaux ayant commandé en chef devant l'ennemi.

Le caporalissime avait à son actif treize campagnes et quatre écorchures. (Trois de ces campagnes contre des chiens enragés, et les dix autres pour retrouver des objets perdus.)

La revue de la cavalerie n'eut lieu que deux heures après la revue d'infanterie pour permettre aux hommes de changer de costume.

Elle se termina par une charge en bataille exécutée au petit trot par les hommes et une partie des officiers.

Puis M. Félix Faure, prenant un porte-voix, prononça une allocution qui fut écoutée par toutes les troupes dans un religieux silence, que troublait seul un reste d'essoufflement de quelques vieux cavaliers.

« La discipline, leur dit-il, étant la force principale des armées, le nombre est en somme un élément secondaire. » Il félicita ensuite l'armée monégasque de sa belle devise : *Un contre cent mille*, qui eût été qualifiée en temps de guerre de dangereuse folie, mais qui dénotait une attitude simplement très digne en temps de paix.

DERNIÈRES VOLONTÉS DE WALTER CALF

Walter Calf avait commencé, comme tous les Américains, par vendre des journaux dans les gares. Puis il avait trouvé de l'or.

Il avait trouvé de l'or dans un pays beaucoup plus accessible que le lointain Klondyke. Ce fut, en effet, à New-York même, dans une des meilleures chambres d'un des plus beaux hôtels. Cet or ne se présentait pas en pépites, sous une forme absolument vierge, mais en petits anneaux soudés qui, par leur réunion, donnaient assez l'aspect d'une chaîne de montre.

La transformation de ce métal en espèces monnayées se fit chez un petit bijoutier que

connaissait Walter Calf. Puis Calf entra dans
la banque, où il s'enrichit rapidement, grâce à
des affaires dont le détail ne semblerait guère
passionnant aux personnes qui n'ont pas été
intéressées directement par un petit tant pour
cent à leur réussite. Sachez seulement qu'il y a
deux ans, la fortune de Walter Calf, transfor-
mée en billets de banque, eût couvert la voie
ferrée de New-York à Chicago sur une longueur
de six milles, c'est-à-dire, en partant de New-
York, jusqu'à deux cents yards plus loin que la
deuxième station. (La fortune de Jay Gould
n'arrivait que jusqu'au passage à niveau qui
précède cette station.)

Walter Calf avait des goûts très simples, et
s'il affichait quelque luxe pour soutenir son
renom de milliardaire, l'ordinaire de sa vie
était des plus modestes. Il mangeait deux sous
de fromage dans de la vaisselle d'or, et son
chef de cuisine, qu'il payait deux mille dollars
par mois, était occupé à diriger la cuisson
d'une côtelette et d'un petit chocolat du matin.
Ce petit chocolat était servi, d'ailleurs, à quatre
heures précises, au sobre et matineux Walter.

Tout autre était l'existence d'Edwin Calf,
indigne neveu d'un oncle si austère. Edwin, à
l'âge de dix-sept ans, fit son entrée dans les
grands bars, et, descendant la pente glissante,
fréquenta bientôt les plus petits de ces établis-
sements et les plus sordides. Après de nombreuses expériences, il avait fait sa compagne
habituelle d'une prostituée très âgée. Edwin
s'enivrait en compagnie de cette dame et s'il ne
rentrait jamais passé deux heures du matin
dans la maison de son oncle, c'est qu'il était
complètement ivre depuis minuit et que les
moins titubants de ses compagnons ne mettaient
que deux heures pour lui faire franchir le demi-
mille qui sépare Toulnose-Bar de la demeure
de Walter Calf.

Or, le 7 novembre 1898 (inutile de retenir
cette date, qui n'a qu'une importance secondaire), la porte de chêne de Walter, qui
s'écartait chaque nuit avec une certaine honte
pour laisser entrer le corps d'un jeune homme
ivre-mort, s'ouvrit largement au grand jour
pour laisser sortir un mort véritable, que l'âge
et non le cocktail avait amené à ce respectable

état. Le jeune Edwin, très digne et très saoul, avait écouté pieusement les dernières volontés de son oncle.

Elles étaient plutôt gênantes, ces dernières volontés !

Désireux d'imposer à son neveu une existence régulière, Walter ne lui laissait sa fortune qu'à une expresse condition : il fallait, avait dit le vieillard, que pendant six mois Edwin fût levé tous les matins au moment où le soleil levant dore les pointes extrêmes de la statue de Bartholdi, qui se trouve dans le port de New-York. C'étaient les termes exprès de l'écrit authentique où étaient consignées les dispositions suprêmes du vieux Calf.

Pendant deux jours les dispositions furent suivies à la lettre par le respectueux et cupide Edwin. Mais, au bout de deux jours, il sentait bien qu'il n'irait pas au bout de l'épreuve.

D'autre part, il ne voulait pas renoncer à l'immense fortune de Walter.

Il prit donc tranquillement le prochain transatlantique et vint s'installer à Paris, où il se lève tous les jours de dix heures à midi, alors qu'il est à New-York de quatre heures à six heures du matin, et que le soleil, selon les termes du testament, vient dorer l'auréole de l'imposante statue de Bartholdi : La Liberté éclairant le monde !

L'HABITUÉ DU CAFÉ DU THÉATRE

Personne, parmi les fervents du théâtre, ne « marche » autant que le major Heitner.

Dès qu'il pleure, ce sont des sanglots effrayants, qui alarment sérieusement une bonne partie des fauteuils d'orchestre. Un drame tant soit peu émouvant le vieillit de vingt années. Il faut qu'il aille, dès le lendemain, écouter quelque idylle, fraîche et printanière, qui le rajeunit d'autant.

Dans les tragédies, il est tellement affligé par la mort de l'héroïne qu'il passe la nuit dans les pleurs, et qu'il est obligé, le soir revenu, de retourner au théâtre, afin de s'assurer que la jeune personne est encore en vie. On l'emmène de force après le premier acte, car ce serait tous les jours à recommencer.

Un jour, le fameux bateau de *L'Africaine* lui donna le mal de mer. Il interrogeait anxieusement le ciel de toile peinte, et disait à sa voisine, qu'il ne connaissait pas :

— Pourvu que le temps reste au beau !

L'hiver dernier, comme il voyageait pour affaires dans une grande ville du Midi, il vit, affiché sur les murs du théâtre, un mélodrame qu'il n'avait pas encore vu jouer : *Eugène, ou le Paria de l'Honneur.*

Il résolut d'aller au spectacle, d'autant plus qu'un de ses clients, grand habitué du théâtre, lui proposait de l'y emmener à l'œil.

J'oubliais de vous dire que le major Heitner, par une sorte de vieux préjugé batave, s'amuse beaucoup plus quand il ne paye pas.

Ils avaient donc pris place, l'habitué du café du théâtre et lui, dans deux excellents fauteuils d'orchestre. Le rideau se leva sur le spectacle toujours imprévu d'une douzaine de villageois qui dansaient la bourrée. Puis deux buveurs amenèrent par hasard la conversation sur des événements mystérieux qui se passaient au château. Quand les deux buveurs eurent raconté tout ce qu'ils savaient, ils s'interrompirent brusquement, car l'hôtesse leur faisait des signes expressifs pour qu'ils gardassent le silence. Elle agita les mains au bout de ses bras levés, dit plusieurs fois : Chut! chut! et ramena l'index de la main gauche sur les lèvres. Puis elle proféra à voix basse : « Voici le connétable! »

Le connétable de Guingois fit son apparition, la main sur le pommeau de son épée.

C'était un affreux seigneur, bas et servile avec ses supérieurs, hypocrite avec ses égaux, arrogant avec les faibles. Les paysans le craignaient comme un être vicieux et cruel. Le major Heitner, de son fauteuil, le considéra avec dégoût. Mais l'habitué du café du théâtre dit à Heitner, à voix presque haute, avec un fort accent du Midi :

— Ce garçon-là, c'est la crème des hommes! Doux comme un ange, modeste, et sans aucune fierté. Ah! quel ami charmant!

Le connétable de Guingois entrait tout de

suite en conflit avec le vieux curé, qui s'efforçait en vain, par des paroles pleines d'onction, de ramener le grand seigneur à de meilleurs sentiments.

— Voilà un petit garçon qui ira loin, dit le voisin d'Heitner, en lui désignant le vieux curé. Vingt-deux ans, et vaillant au travail comme pas un.

Heureusement l'habitué du café s'absenta pendant le troisième et le quatrième acte. Ce qui permit à Heitner de s'intéresser en paix à Blanche de Carpovin, la petite ingénue qui confondait le traître, sauvait le gentilhomme injustement accusé et rendait quatre enfants à leur mère. Le vieux curé, ému jusqu'aux larmes, lui donnait sa bénédiction.

— Elle est charmante, cette petite Blanche, dit Heitner à son voisin, dès que celui-ci eut repris sa place.

— Parfaite comédienne. Soixante-cinq ans de théâtre. C'est la marraine du connétable et la grand'mère du vieux curé.

FEU BILLARD

Il est souvent question de feu Billard, mais il
ne semble pas que ceux qui parlent de lui
soient documentés sur ses origines et les cir-
constances de sa vie.

D'après l'opinion générale, il est avéré que
feu Billard était doué d'une jolie force au billard. Mais les données manquent pour évaluer
cette force. Comment feu Billard se serait-il
comporté, dans une partie au cadre, contre des
hommes comme Vignaux, Yves, Scheffer ou
Slosson?

Nous nous sommes livré à une petite en-
quête et nous arrivons avec un dossier sur feu
Billard.

A vrai dire, nous n'avons pu savoir exactement où il vivait, ni à quelle époque, mais nous avons recueilli des documents assez complets concernant certaines de ses habitudes et sa personne physique.

Feu Billard — c'est à peu près prouvé aujourd'hui — jouait indifféremment sur n'importe quel billard. Sur les billards de campagne, où les billes ont à franchir des petits obstacles divers, tels que trous, reprises, taches de bougie, fentes de l'ardoise, feu Billard jouait simplement avec plus d'énergie.

Quand feu Billard arrivait dans un café inconnu, il ne prenait jamais la première queue de billard venue. Il soupesait toutes les queues disponibles, et les frappait du gros bout contre le plancher, pour voir si elles n'avaient pas de fêlure.

Feu Billard fut toute sa vie un homme mûr, car c'est en dehors des conceptions de l'esprit le plus complaisant, qu'il ait jamais pu connaître les candeurs de l'enfance et les ahurissements de la décrépitude.

Feu Billard était grand et fort. Il portait toujours une jaquette, afin de pouvoir mettre

son mouchoir dans la poche de derrière, et
d'avoir ainsi l'occasion de tacher les pans de sa
jaquette avec le blanc qui lui restait aux doigts.

Quand feu Billard manquait de touche, il disait : trop fin.

Il ne se servait jamais des marques mécaniques qui sont adaptées au billard, ni des petites
billes de bois qui glissent sur une tringle, mais
préférait marquer ses points avec du blanc sur
le bord du billard.

Après la partie, feu Billard proposait, comme
simples délassements, des exercices spéciaux,
qui consistaient à caramboler en faisant glisser
la bille sur le plan incliné de deux queues juxtaposées, ou bien à déloger la rouge d'un coin
du billard, pour l'amener en trois coups dans
un autre coin.

Feu Billard prenait le plus souvent une fine,
et appelait le garçon Edouard. Marié et père de
famille, il désignait sa femme sous le nom de
« la bourgeoise » et ne parlait d'elle que lorsqu'il s'agissait de rentrer au logis, en ajoutant
qu'elle allait « le disputer ». Feu Billard était
d'ailleurs cocu, comme feu Cocu lui-même.

DEUX MESSIEURS SPIRITES

Je fus présenté à ces deux messieurs dans un dîner très mondain, où il avait été question de suggestion, de spiritisme et de toutes sortes de sciences occultes.

L'un de ces messieurs était un médecin. L'autre était un sujet.

Au fumoir, le médecin s'approcha de moi et me dit à voix basse : « Voulez-vous faire une expérience ? Pensez que vous invitez mon sujet à dîner, demain à sept heures, chez Voisin. »

A peine avait-il prononcé ces mots que le sujet, d'un pas saccadé, traversa le salon, et me dit en me regardant fixement : « Vous venez de m'inviter à dîner chez Voisin, demain à sept heures. »

Il loucha d'une façon un peu effrayante et, comme poussé par une force invisible, ajouta : « J'accepte. »

— J'y viendrai, moi aussi, dit le médium, et vous ferai voir des choses curieuses.

Le lendemain, à sept heures, je fus au rendez-vous où m'attendaient déjà les deux messieurs spirites.

Le sujet était un peu pâle et avait l'air fatigué.

— Son manque d'appétit m'inquiète, me dit le médium. Il est nécessaire qu'il mange énormément, car il se fatigue beaucoup. Je vais être obligé de manger un peu plus qu'à l'ordinaire, pour lui donner l'exemple.

Puis il m'écrivit une liste de mets spéciaux qui, disait-il, favorisaient le plus le dégagement du fluide, à savoir un homard à l'américaine, du filet au madère, des perdreaux truffés, de la salade russe et diverses primeurs.

— Surtout, me dit-il, pas de pommes de terre à l'eau et pas de bœuf bouilli !

Je fis la commande à l'instant et j'eus bientôt la joie de constater que le médecin avait dit juste. Grâce à son stimulant exemple et au soin judicieux des nourritures, on parvint à décider le sujet à reprendre de chaque plat.

Comme on arrivait au dessert, le médecin se leva de table et me prit à part: « Vous allez voir une expérience très amusante. Commandez une ou deux bouteilles de vieux Pomard. »

On apporta du vin à vingt francs la bouteille. Je le goûtai et le trouvai fort bon.

Le médecin s'en versa un verre, remplit le verre du sujet, et dit d'une voix impérieuse :

« Voici du vinaigre. Buvez. »

Le sujet avala le contenu du verre et fit une grimace effroyable.

On recommença trois ou quatre fois l'expérience, et on obtint chaque fois la même grimace.

« Je lui ferais bien faire l'expérience inverse, dit le médecin. Je lui offrirais du vinaigre, en lui faisant croire que c'est de l'excellent Pomard. Mais je n'ose pas, à cause de son estomac. »

On apporta les liqueurs, et le sujet, sugges-tionné par le médecin, eut les aberrations d'es-

prit les plus bizarres. Il prit du gin pour du cu-
raçao, de la fine champagne pour de l'anisette,
du kummel pour du genièvre, de la chartreuse
verte pour de la chartreuse jaune, et inverse-
ment. Il prit même à diverses reprises mon petit
verre pour le sien et en avala le contenu. Puis
il affirma qu'une table, deux tables, trois tables,
toutes les tables tournaient, et non seulement
les tables, mais toute la salle, la caisse, la cais-
sière et le plafond.

Quand on sortit, le médecin et son sujet
étaient tellement travaillés par les esprits
qu'ils allaient se cogner aux murs, d'où d'autres
esprits tourmenteurs les renvoyaient obstiné-
ment contre les réverbères.

L'HOMME A LA MOUSTACHE VERTE

I

Le petit Alcée est âgé de dix ans. Il jouit d'un excellent renom dans le voisinage, parce qu'il est gentil, tranquille, avenant, et surtout à cause de son joli visage et de ses fins cheveux blonds, qui le font ressembler à un jeune séraphin de chez le bon Dieu, détaché à l'école des garçons de la rue de Poissy.

Le petit Alcée est l'unique enfant d'un bon vieux marchand de couleurs alsacien, M. Auguste Aufmerksam. M. et Mme Aufmerksam adorent Alcée et, chaque année, au 24 décembre, c'est une joie pour eux de courir les bazars et les librairies, afin de faire revivre, le lendemain matin, la légende du petit Noël, que le petit Alcée écoute encore avec ses yeux ingénus, et une charmante crédulité que n'a pu entamer encore l'impiété commandée des instituteurs primaires.

Cette année, durant que Mme Aufmerksam gardait le magasin de couleurs, papa avait fait une bonne expédition dans Paris et revenait chargé de colis précieux :

Une petite forge électrique,

Une réduction de machine à écraser les cailloux, qui marchait par l'air comprimé,

Et deux beaux livres reliés en percaline, nouveautés de l'année : *Voyage de deux enfants bretons à travers l'Ukraine*, et *Les Petits Fabricants de fonte émaillée.*

Le soir venu, on conduit le petit Alcée à sa chambre. Il embrasse son papa et sa maman.

— C'est ce soir, pas? p'pa! que vient le petit Noël?

Papa regarde maman...

Hum! Viendra-t-il? Le petit Alcée a-t-il été gentil ce mois-ci? Enfin, on verra ça demain.

II

Une heure plus tard, une ombre discrète, comme feu Tapinois lui-même, entre doucement dans la chambre. Qui soulève la plaque de la cheminée ? Mystère !

Le petit Alcée dort paisiblement. Papa, car c'était peut-être bien lui, sort de la chambre. Puis on entend du bruit à côté. C'est papa et maman qui se couchent. Le bruit cesse. Papa et maman dorment.

III

Alors Alcée se lève à pas de loup, allume sa bougie, va jusqu'à la cheminée, soulève la plaque. Il fait un inventaire rapide.

— Les deux bouquins ? J'en aurai quarante sous pièce, au Passage.

« La forge électrique, ça vaut un louis. J'en aurai facilement quatre francs en cette saison-ci. La machine à air comprimé, deux francs.

« Total : dix francs. Octavie II doit se balader dans le grand steeple de Pau. Je la ferai jouer à l'Agence par le petit garçon du bar. Ça rapportera facilement dans les 5 ou 6. »

Ce méditant, il prend les jouets et les livres, et va les cacher dans un placard, au fond d'un panier à linge sale. Comme la blanchisseuse n'est pas venue depuis cinq jours, il y a beaucoup de linge sale par-dessus.

Avant de se mettre au lit, Alcée bourre une petite pipe, et s'endort après quelques bonnes bouffées de caporal supérieur.

IV

Le lendemain, quand papa et maman entrèrent dans la chambre, un spectacle terrible s'offrit à leurs yeux.

Alcée était étendu tout raide sur son lit, les paupières largement ouvertes, la bouche contractée...

« Papa ! Maman ! Il s'est passé une chose épouvantable.

« Figurez-vous qu'un grand homme noir, avec une moustache verte, est venu dans la cheminée. Je l'ai vu, car la plaque s'est soulevée toute seule ! Il avait des yeux qui lançaient des flammes ! Il a pris toutes sortes de choses et a disparu tout à coup ! »

M. et Mme Aufmerksam courent à la cheminée. Plus de jouets, plus de livres ! Rien que les deux petits souliers !

Une odeur de fumée, peut-être de pipe, se perçoit dans la chambre.

Le petit Alcée était surtout navré d'avoir perdu ses jouets. Son père lui donne pour le consoler un beau louis d'or. Ce louis, joint au produit de la vente, lui permit de miser trente francs sur Octavie II, dans le Steeple de Pau.

V

D'ailleurs, Octavie II n'arriva pas, car le mensonge et la désobéissance sont toujours punis-

Mais l'histoire de l'homme à la moustache verte, propagée avec effroi par M. et Mme Aufmerksam, fait la terreur de tous les parents du quartier Saint-Victor.

VA VOIR DANS LA RUE SI J'Y SUIS

On disait de Berthe Zéro qu'elle avait une pochetée; on disait aussi qu'elle était pochetée;
les deux expressions sont d'usage à Mont-
martre.

On le disait d'ailleurs d'une façon très affec-
tueuse.

Rien n'est si sympathique que la bêtise d'une
jolie femme. Elle est charmante, bien visible,
infiniment plus en lumière et plus remarquée
que sur le visage terne d'un homme. Elle
apparaît comme une qualité de plus, comme
une ingénuité savoureuse. Et c'est un divertissement que de faire « marcher » une jeune
femme naïve, de la promener sans cesse dans

des « bateaux », de meubler d'idées saugrenues sa jolie tête.

Tel n'était pas cependant l'avis du compositeur Klingelkling, l'amant de la gentille Berthe Zéro. Tout comme les autres, il s'était d'abord amusé des mille petites « gourderies » de sa jeune compagne. Mais décidément, il y en avait trop, beaucoup trop. C'était lassant. Et puis, Berthe Zéro l'aimait. Et cette gourderie naturelle, exagérée par la passion, devenait intolérable. Pour se rendre plaisante et aimable, Berthe Zéro n'avait-elle pas pris l'habitude de parler à son amant avec la voix conventionnelle et pénible d'un enfant en bas âge, comme font généralement les nourrices, quand elles veulent entrer dans les bonnes grâces de leurs nourrissons! De sorte que Klingelkling, dans la force de la trentaine, avec sa puissante moustache rousse, avait l'impression, peu agréable en somme, de se voir considéré comme un jeune homme de deux ans et demi.

Il n'en était pas content, à la longue. Car il pensait, comme tous les compositeurs de cafés-concerts, que la vie est grave, limitée, et qu'il ne faut pas la dilapider en amusettes inutiles.

Un jour de juin, comme il était penché sur son piano de travail, et que des flancs mystérieux de l'instrument sonore, il essayait de tirer la scie nouvelle, qui pût faire fureur l'été suivant dans les stations thermales et sur les plages, la petite Berthe aimée vint prendre son chéri dans ses bras et l'embrassa gentiment sur l'oreille.

— Va-t'en, dit Klingelkling, qui se maîtrisait et faisait effort pour ne pas hurler.

— Où ça? demanda-t-elle.

— Va voir dans la rue si j'y suis...

— J'y vais, dit Berthe avec la plus grande douceur.

Et, sous les yeux stupéfaits de Klingelkling, elle ouvrit la porte et commença à descendre les six étages.

Resté seul, Klingelkling eut une profonde impression de tristesse à l'idée qu'une grande partie de sa vie se passerait avec cette jeune femme.

Il était très bon. Il le savait bien, et c'était même ce qui le désespérait. Jamais il n'aurait l'énergie de la quitter, de prononcer le mot de rupture.

Son avenir artistique était compromis. Il sentait bien que, peu à peu, il perdait son génie. Déjà sa dernière scie « Ferdinand, nan, nan, nan » avait été moins populaire que la scie précédente « Kidibi Kodobò ».

Il se leva, marcha avec une agitation fébrile. Le sang lui montait à la tête. La fenêtre était ouverte. Brusquement il se jeta dans l'abîme.

Quelques secondes après, il arrivait, le crâne d'abord, sur le pavé de la chaussée, au moment même où Berthe sortait de la porte cochère, et venait voir dans la rue s'il y était. Et il eut cette consolation de penser, en mourant, que cette démarche de sa belle n'était pas si bête en définitive, puisqu'il y était effectivement.

LA TOUR DE BABEL

Quand le projet d'une tour qui serait appelée la Tour de Babel et qui, aux termes de la délibération, devait « atteindre le ciel » fut mis au concours par une municipalité en délire, presque tous les entrepreneurs du pays haussèrent les épaules et déclarèrent, à qui voulait les entendre, qu'on les croyait absolument fous, si on les supposait capables de soumissionner pour une entreprise pareille.

Pourtant il s'en trouva un, nommé Mathusalem et arrière-petit-fils du célèbre recordman, qui, à la stupeur générale, fit des propositions.

Il proposait même un chiffre raisonnable :

quatorze millions de chichtis, soit cinq millions de francs de notre monnaie.

On parla de le faire interdire, et l'opinion générale se traduisit par ces mots : *Voraïm zouzoum tlach'* (il y laissera ses culottes).

Pourtant, Mathusalem avait fait inscrire dans son contrat une petite clause qui aurait dû faire réfléchir les malins. Cette clause spécifiait qu'en cas d'interruption des travaux pour un cas de force majeure, les versements effectués resteraient acquis au soumissionnaire.

Mathusalem, d'ailleurs, se fit faire l'avance de la presque totalité des fonds. Ses fournisseurs de matériaux, disait-il, désiraient être payés comptant, étant donné l'audace particulière de l'entreprise.

Cependant, la tour s'édifiait peu à peu. Les fouilles furent rapidement faites. (Les spécialistes s'étonnèrent même qu'on ne mît pas plus de temps à établir les fondations d'un monument si important). Bientôt, la tour atteignit la hauteur de quatre étages qui, d'après la hauteur des plafonds de l'époque, représentaient environ huit étages de notre monnaie.

On venait, tous les dimanches, de la ville et des villages d'alentour pour assister aux travaux. Or, ce fut un lundi matin que se produisit le grand coup de chien. D'après le contrat, c'était un architecte de la Ville qui surveillait les travaux.

Le lundi matin donc, en arrivant au chantier, l'architecte avise un sous-chef de chantier et lui dit :

— *Frichti bi coulacoulail votzobam brididi bébé.*

Ce qui voulait dire : Il faudrait voir un peu à faire chercher les sacs de plâtre, sans quoi je ne vois pas comment vous terminerez votre première plate-forme.

Mais l'autre fit de grands yeux et répondit simplement :

— *Balababa kilitiri.*

Ce qui ne voulait rien dire du tout.

En entendant ça, mon architecte avise un autre sous-chef et s'écrie :

— *Calcaderiri Boulzaveï Tubalcaïn tram-tram.* (Qu'est-ce qu'a donc Tubalcaïn ce matin à me répondre des inepties? Il est encore saoul d'hier soir probablement.)

A quoi l'autre sous-chef répond en javanais :

— *Jave nave savais pavas.*

— Portier! s'écrie d'une voix impérieuse l'architecte abasourdi.

Le portier arrive en courant et dit à l'architecte :

— *Lonjourbem lonsieurmem.*

Ce qui voulait dire : « bonjour, monsieur » dans le rude langage des loucherbem, ainsi que les commentateurs l'ont établi depuis.

L'architecte s'en fut dare dare aux bureaux de la Ville, convoqua les autorités, et les avertit que la colère divine venait de tomber sur les constructeurs, et qu'il y avait confusion des langues.

Mathusalem tenait son cas de force majeure. Les travaux furent interrompus. Quant à l'architecte, il donna peu après sa démission pour aller vivre à la campagne de ses économies, que l'opinion publique jugea un peu considérables pour un individu qui n'avait jamais gagné plus de sept mille deux.

L'AFFAIRE DU-VAL-D'ACRAN

A la veillée, l'autre soir, un feu de branches mortes faisait dans la salle basse grandir et mourir des ombres sur les murs. On sentait qu'au dehors la nuit chargée de crimes entourait la maison. Toutes les histoires qu'on racontait étaient terrifiantes.

Parfois un regard rapide se détournait furtivement vers un coin obscur, où sans doute quelque visiteur inconnu avait pu s'introduire, en se glissant par la porte mal fermée.

—Vous savez, dit le maréchal-ferrant, ce qui est arrivé il n'y a pas quinze jours à Mme Javerne, au Val d'Acran?

— Le Val d'Acran, en tournant la route de Compiègne ?

— C'est ça. A cinq lieues d'ici. Il n'y a, au Val, que deux maisons : l'auberge Milet, qui n'héberge personne, où n'habite qu'une vieille sourde, et de l'autre côté du carrefour, le chalet Javerne, où Mme Javerne, depuis la mort de son mari, vit avec une servante. Vous la connaissez bien, Mme Javerne ? Elle est venue quelquefois jusqu'à l'église d'ici. C'est une grande brune, toujours souffrante. Elle a une maladie dans les nerfs.

— Oui, nous l'avons aperçue. Va toujours.

— L'avant-dernier jeudi, la servante de Mme Javerne quitta une après-midi de la maison. Elle avait un parent, son père ou sa mère, malade à Beauvais, et elle était forcée de rester la nuit à la ville à cause des trains de retour qui ne correspondaient pas. Elle avait dit à Mme Javerne de venir avec elle ou de s'en aller faire un tour à Compiègne, afin de ne pas demeurer seule dans la maison. Mme Javerne avait répondu : « Pensez-vous qu'on veuille me manger ? » Pourtant elle avait peur un peu,

La servante donc s'en va, et vers la tombée de
la nuit, Mme Javerne, de sur son perron, voit
deux individus s'arrêter devant la grille. Ils
avaient des casquettes et des vêtements de drap
marron. Ils attachent leur cheval à la grille,
entrent dans le jardin, et disent à Mme Javerne
qu'ils voudraient lui placer du vin, et lui en
faire goûter. Méfiante, mais n'osant pas les
vexer en refusant, Mme Javerne les fait entrer
dans son petit salon, et asseoir. L'un des individus prend dans sa poche un petit gobelet et
un flacon de vin, et l'offre à goûter à la dame.
Elle boit. Puis on se met à causer choses et
autres. Mais voilà tout à coup que Mme Javerne
sent ses yeux se fermer et, sans dire bonsoir,
elle glisse étendue sur le canapé, et voilà qu'elle
s'endort. Les deux individus sont montés au
premier, ont farfouillé partout, ont forcé les
armoires, et sont partis avec une gibecière où
il n'y avait que des titres nominatifs. De sorte
qu'ils ont été volés. Quant à Mme Javerne, sa
servante l'a trouvée qui dormait encore le lendemain à dix heures, et elle ne s'est réveillée
qu'à midi.

— Elle a dû avoir un saisissement terrible...

— Elle ? Elle était enchantée. C'était la première nuit qu'elle dormait depuis quatre ans, rapport à ses nerfs malades. Elle avait tout essayé en fait de dormitifs. Aussi fait-elle faire des recherches et des avis dans les journaux, non pour arrêter les voleurs, mais pour qu'ils lui disent le nom de ce narcotique, qui lui a si bien réussi.

VOYAGEUR MODÈLE

La création du métropolitain a porté un
rude coup à une science des plus intéressantes,
la science des lignes d'omnibus, dont s'enor-
gueillissaient tant de vieux rentiers parisiens.

Avec quelle satisfaction ils vous disaient,
après un grand air méditatif, qui donnait plus
d'importance au problème élucidé :

— Pour aller au Collège de France, tu n'as
qu'à aller prendre l'omnibus au square Mon-
tholon, avec correspondance. Tu descends au
coin du boulevard Sébastopol et des grands
boulevards et tu trouves là La Chapelle-Square
Monge, qui te mène tout droit dans la rue des
Écoles.

D'ici quelque temps, avec le développement du nouveau réseau souterrain, une science concurrente, actuellement à son aurore, se développera victorieusement, et le professeur d'itinéraire dira avec la même gravité :

— Prends le métro à Blanche jusqu'à Villiers, où tu changeras pour prendre la ligne de l'Opéra. Tu descendras à Sentier.

Seulement, beaucoup de vieux Parisiens sont trop vieux pour se remettre à l'étude et pour apprendre cette science nouvelle, bien que leur connaissance parfaite du plan de Paris puisse leur être d'un grand secours dans cet apprentissage.

*
* *

Le voyageur modèle pour Paris a son pendant sur les réseaux les plus vastes. Celui-là n'a pas encore été très entamé dans ses positions par les progrès de l'automobilisme. J'ai connu, vous avez tous connu, le spécialiste d'indicateur, celui que les complications si perfides des tableaux d'horaires n'arrivent pas

à dépister, qui sait bien que le train 807, qui
semble s'arrêter brusquement et définitivement
à Montereau, continue sur la colonne à côté et
même parfois deux ou trois colonnes plus loin,
quand la personne qui a dressé ces tableaux
semés de pièges sent le besoin d'augmenter la
difficulté par accroître l'intérêt du jeu. Ah! le
voyageur modèle ne se laissera pas prendre à
cet attrape-nigauds un peu grossier, qui consiste à inscrire une petite minuscule scélérate
au-dessous du numéro du train, laquelle minuscule correspond à une note placée à quatre
pages de là, sous le petit horaire d'une ligne
d'intérêt local ; le voyageur modèle saura
retrouver cette note à travers mille embûches
et apprendra ainsi que le train qui l'avait tenté
est un train de luxe et qui ne prend de voyageurs qu'avec un supplément assez élevé. Et
ces autres annotations, que seul un œil exercé
peut découvrir, parce qu'elles sont écrites ver-
ticalement en caractères tout pâles, et qui
avertissent les gens subtils que le rapide 22 ne
marche qu'un jour par an, du 31 août. au
1ᵉʳ septembre !

Les Compagnies ont bien compris que pour certaines âmes, peu nombreuses mais intéressantes, il fallait donner aux voyages tout l'attrait d'un sport difficile et que le transport à voie ferrée serait un divertissement d'une banalité écœurante, s'il n'était traversé d'incidents tragiques, comme un séjour de cinq heures, la nuit, dans la triste salle d'attente d'une gare mal chauffée; ce qui constitue, à la vérité, une pénalité bien faible pour les personnes qui ne savent pas lire les indicateurs et qui n'ont pas vu que le train A sur lequel elles comptaient n'assurait pas la correspondance.

*
* *

Le voyageur modèle n'est pas seulement l'homme rare et privilégié qui lit l'*Indicateur* aussi facilement que M. Renan lisait le chaldéen. C'est aussi l'homme qui sait voyager avec confort, qui sait par quelle fenêtre entrera le soleil, quel coin il faut choisir, s'il vaut mieux dîner à tel buffet que dans le wagon-restaurant, prendre un oreiller ou deux oreillers, donner sa valise au fourgon sur certains réseaux, ou bien la garder avec soi sur certaines autres lignes, où la délivrance des bagages est hérissée de difficultés fabuleuses.

Le voyageur modèle ne sortira pas son cache-poussière pour aller des Batignolles à la porte Maillot. Mais ce n'est pas seulement à la longueur du trajet qu'il s'arrêtera pour prendre ces sages précautions contre les fins atomes de houille dont les locomotives diligentes parsèment les épaules et les bras des voyageurs. Il sait très bien sur quelle ligne il y a de la poussière et consulte la direction du vent. Il n'endossera pas à tout hasard son vêtement protecteur. C'est son orgueil de ne rien laisser au hasard. Et il n'est pas plus humilié dans son expérience par une précaution oubliée que par une précaution inutile.

*
* *

Qualité plus rare encore que toute autre : le voyageur modèle sait parler aux employés, avec le ton qu'il faut, selon les grades, de fac-

teur, de chef de train, de contrôleur, de chef
de service. Il est bien rare qu'il n'ait pas quelque observation à présenter au chef de service,
dont la casquette blanche l'attire. Il n'est pas
fâché de lui montrer et de montrer à tous qu'il
connaît bien la signification de la casquette
blanche sur certains réseaux. Il s'approche
d'un pas ferme, ne retire pas son chapeau,
mais incline légèrement la tête, puis expose en
termes précis sa réclamation, trop heureux
quand elle porte sur des incidents assez graves,
qui lui permettent d'élever le ton.

Le voyageur modèle, dont j'avais l'honneur
d'être le compagnon, était descendu avec moi
d'un petit train léger, et nous attendions à une
bifurcation importante le rapide qui devait
nous emmener à Paris. Il s'agissait de trouver,
dans un wagon-couloir, deux coins bien situés;
mais je n'avais à me mêler de rien, le voyageur
modèle en faisait son affaire.

Un autre train arrivait d'une autre direction
et un de ses wagons devait être raccroché au
rapide. Mon compagnon ne pouvait pas ignorer
que ce wagon était un wagon-couloir. C'est

évidemment celui-là qu'il devait viser, plutôt
que ceux qui formaient le rapide, d'abord
parce que, à la vérité, il était probable qu'il
n'y avait pas dedans beaucoup de monde et
aussi parce que ce choix indiquait une fois de
plus un grand sens pratique et une parfaite
connaissance de la composition des trains. Il
savait déjà sur quelle voie il arriverait, et s'y
rendit, sa valise à la main, prêt à la jeter dans
un coin disponible, comme on plante un drapeau français sur un territoire africain. Il
sauta sur le marchepied, parcourut tout le cou-
loir, et je le vis sortir à l'autre bout du wagon,
rouge de colère.

— C'est scandaleux, me dit-il. Il y a à peine
dix voyageurs dans ce grand wagon et presque
toutes les places sont prises ! Attendez un
peu !

Déjà il se dirigeait vers une casquette blanche.
Quand il fut auprès d'elle, il posa sa valise à
terre pour mieux gesticuler.

— C'est scandaleux, répéta-t-il. Dix voyageurs dans ce wagon-couloir ! Vingt-cinq places
occupées !

Et comme la casquette blanche ne répondait pas...

— C'est toujours comme ça sur cette Compagnie, c'est toujours comme ça...

Même silence.

— Et ce qu'il y a de plus extraordinaire, c'est que les employés ont l'air de s'en désintéresser complètement. Non, que les voyageurs se débrouillent, se collettent entre eux, ça ne regarde pas la Compagnie, ni les gens qui sont payés pour s'en occuper !

Il répéta avec plus d'énergie : « Qui sont payés pour s'en occuper ! »

Le flegme de son interlocuteur faisait écumer mon compagnon. C'est alors que je le tirai par la manche et que je lui fis remarquer, avec une grande douceur dans la voix, que l'homme à la casquette blanche n'était pas un chef de service, mais un voyageur ordinaire qui, connaissant sans doute les propriétés de la couleur blanche, pour renvoyer la chaleur, s'était coiffé fort innocemment de ce couvre-chef emblématique.

LE PRESTIGE

Je n'avais pas revu mon ami Norbert depuis
sa fameuse affaire de la « Selle Sybarite », une
selle de bicyclette où l'on était aussi bien installé que dans un rocking-chair. Norbert avait
loué à cette époque, pour la « Selle Sybarite »,
un magasin en plein boulevard. Il y avait un
comptoir en acajou, une pendule ancienne et
quelques objets d'art de prix sur un très joli
guéridon. Dans une petite pièce du fond, dont
la porte était ouverte, on apercevait le directeur
choisi par Norbert, un grand monsieur blond
très distingué. Il était accoudé à sa table de
travail, penché sans doute sur des documents
importants. J'ai su depuis que c'étaient des.

mots carrés, des mots en losange, des mots en croix de Saint-André qu'il cherchait avec une patience inlassable, à la quatrième page des quotidiens.

La « Selle Sybarite » était reproduite en un beau dessin sur maint catalogue de papier glacé, mais on n'en vit jamais dans le magasin, ni je crois non plus ailleurs. Je crois que Norbert n'était pas très certain du mérite de cet appareil, et qu'il ne voulait pas, en le soumettant au public, risquer de répandre sur la « Selle Sybarite » des opinions défavorables, si d'aventure ceux qui la mettaient en usage lui trouvaient des inconvénients. L'important était de placer les actions de la « Société des Brevets de la Selle Sybarite ». Il serait toujours temps de fabriquer l'appareil après.

Norbert opérait dans une clientèle spéciale de petits rentiers, de jeunes veuves et de curés. Quand il eut ainsi écoulé une bonne partie de ses actions, il donna congé du magnifique magasin des boulevards, dont le loyer constituait une lourde charge, et ne garda comme entrepôt qu'un placard de sa chambre à coucher, où il

mettait ses catalogues. Il tira un peu d'argent
des bibelots, du comptoir en acajou et de la
pendule ancienne. Ces divers objets, achetés
jadis à crédit, furent payés, aussitôt qu'ils furent
revendus, avec ce qui restait d'actions de la
« Selle Sybarite ».

*
* *

Quelque temps après, Norbert fit une tournée
dans la clientèle, et expliqua à tout le monde
qu'il avait été indignement volé par l'inventeur
du brevet. Mais il tenait, affirma-t-il, à ce que
personne ne perdît un sou dans cette affaire-là.
Il n'y aurait que lui de touché. Pour indemniser
les porteurs de titres, il leur donnerait des
actions de sa Société nouvelle : « La Société des
Cylindres d'Ouate Hydrophile pour le Séchage
des Pistes en Ciment. » Il donnait ces actions
gratuitement, c'est-à-dire que tout souscripteur
de deux actions de cinq cents francs aurait droit
au remboursement d'un titre de cinq cents francs
de l'ancienne Société.

*
* *

J'ai pu constater l'autre jour, en retrouvant Norbert, qu'il avait perfectionné encore ses procédés pour inspirer confiance aux gens. Je le rencontrai dans le quartier de l'Opéra, devant la maison où il a aménagé ses plus récents bureaux. Il me proposa de visiter son installation et me fit monter au premier étage dans un appartement meublé sévèrement et sans aucun luxe. C'était très simple, très digne et très confortable.

— Vois-tu, me dit-il, les gens d'aujourd'hui n'aiment pas à être épatés. On leur a tellement raconté d'histoires de faiseurs et d'esbroufeurs que le battage à présent leur inspire une forte méfiance. Ces bureaux sont ceux d'un homme qui a de quoi, mais qui ne fait rien pour éblouir les gens... Ho ! ho ! dit-il... Mais il est bientôt dix heures. Je vais avoir du monde. Il faut que je m'habille pour recevoir ma clientèle.

— Comment ? lui dis-je avec surprise, en considérant sa parfaite redingote, son gilet harmo-

nieux et sa cravate si exacte de ton. N'es-tu pas
suffisamment bien comme cela ?

— Beaucoup trop bien, me répondit-il. Les
gens qui viennent me voir ont une aversion naturelle pour la « fashion »... Je te répète qu'ils
ne veulent pas être épatés. Seules, la négligence
et la malpropreté leur en imposent. Il faut toutefois avoir un appartement convenable, afin
qu'ils disent : « Il a de quoi payer son loyer »,
mais s'habiller très mal, pour qu'ils constatent
bien qu'on ne cherche pas à les aveugler.

Et, ce disant, il remplaça son faux-col de la
dernière heure par un petit col bas et misérable, sa brillante redingote par une luisante
petite jaquette et son pantalon à pic par un
pantalon tristement bossué. Il prit un peu de
sucre en poudre dans une armoire et sema sur
sa jaquette une petite neige de pellicules. Il défit
artistement sa coiffure et, au moyen d'un ban-
deau, maintint pendant quelques instants dans
la position des moustaches tombantes un côté
de ses moustaches.

Quand il fut prêt, je me récriai d'admiration.
Mais il fit la moue.

— Non, dit-il, ce n'est pas ça. Evidemment, les gens s'en contenteront. Mais, au point de vue de l'art, ce n'est pas ça. Si tu connaissais mon caissier ! Tu verrais alors ce que c'est que la saleté naturelle, l'inélégance congénitale, ce « je ne sais quoi » que rien ne peut donner. Mon caissier est merveilleux dans ce genre. D'ailleurs, il a beaucoup de succès auprès des femmes...

SPORT TRADITIONNEL

Nous étions allés ce jour-là sur le champ de foire. C'était une toute petite fête bien modeste, qui n'avait attiré que de rares forains assez minables, venus là pour ramasser quelques sous, sans trop de concurrence. Aussi, à côté d'une confiserie poussiéreuse, ornée de sucres de pomme anciens et de pains d'épices en ruines, auprès d'un pauvre tir à bout portant, où un homme de taille moyenne aurait pu casser les pipes avec le canon du pistolet, la tente de Mme Armandine et de ses lutteurs prenait un air d'importance. Mme Armandine, la femme la plus forte du monde, pouvait avoir dans les cinquante-cinq ans.

C'était une femme très petite, large de cou et d'épaules, dont la poitrine avançait fortement, battue cependant de quelques centimètres par le ventre. Les jambes paraissaient un peu grêles ; elles gonflaient cependant assez convenablement un maillot de coton, du même rose que l'ouate rose qui bourrait à profusion les oreilles de Mme Armandine.

Une coiffure à crans sur le front, des pendeloques d'or aux lobes, un regard sage et autoritaire, donnaient à la tête de la femme-athlète l'aspect d'une tête interchangeable, qu'on aurait pu transporter sans la moindre modification sur le corps plus austèrement vêtu d'une patronne de café, siégeant au comptoir d'un établissement conséquent, dans une ville d'au moins trente mille âmes.

Mme Armandine, sur l'estrade de la baraque, parlait d'une voix un peu usagée, avec une éloquence véhémente, en phrases très faites et bien cadencées, avec des fautes de français qui n'étaient plus des fautes, tant elles étaient fixées et inéluctables. Elle avait pris à partie un zouave égaré parmi les badauds et qui venait

de ramasser le gant jeté par un des lutteurs.
(J'avais, d'ailleurs, déjà vu ce zouave le matin
en train de monter l'estrade et de balayer le
devant de la tente.)

— Non, disait Armandine, vous ne lutterez
pas avec mon fils Emile! Vous l'avez déjà es-
quinté tout à l'heure. Vous êt' un brutal... Je
connais vos manières. Vous ne lutterez pas
avec mon fils... Si vous voulez lutter, vous lutterez avec mon mari...

Le mari de Mme Armandine était un quadra-
génaire velu et fatigué, dont le torse et les
bras étaient marqués de drapeaux, d'écussons
et de diverses figures, comme le papier à en-
tête d'un chapelier médaillé aux expositions.
Quant au jeune homme, qu'elle appelait son
fils Emile, c'était un grand garçon, indifférent
et blond, qui n'avait pas l'air de se douter qu'il
fût question de lui et de son récent esquinte-
ment par le zouave.

La représentation commença, dans la pé-
nombre de la tente, par un exercice de poids,
que le mari d'Armandine envoyait par-dessus
son épaule et rattrapait par l'anneau avec un

douloureux bruit de ferraille, qui venait on ne savait d'où, des poids de fonte ou de ses muscles mal graissés. Puis Mme Armandine vint se poser au milieu de l'arène, droite sur ses jambes, le ventre très en avant, et son mari et son fils lui placèrent tout ce qu'il était possible de mettre, en poids de vingt kilos, sur sa poitrine et sur ses bras trop courts.

On attendait avec une certaine impatience le grand event de la journée, la rencontre du vieux lutteur et du zouave. Elle fut pleine de péripéties sans intérêt. Parfois, après un double pont, Mme Armandine, qui suivait distraitement le combat, disait sans conviction : « Le zouave a touché ! » afin d'essayer de remuer et de révolter l'assistance par son injuste partialité. Mais les quinze spectateurs s'animaient à peine. Un enfant de dix ans, à peine crédule, répondait : « Non ! non, il n'a pas touché ! » Finalement, le vieux lutteur fut tombé, pour la confusion de Mme Armandine et la grande gloire de notre armée d'Afrique.

Cela se passait il y a quelque trois ans. L'été dernier, j'ai rencontré Mme Armandine dans

une autre région. Mais de profondes modifications s'étaient produites dans sa famille et son
entourage. La veste du zouave et sa culotte
bouffante usée par le sable de l'arène, avaient
dû être remplacées. Malheureusement, on
n'avait trouvé chez le fripier qu'un uniforme
d'une autre arme et d'une taille beaucoup plus
grande. Aussi, avec l'assentiment du mari velu,
l'ancien zouave était devenu le fils d'Armandine et le grand Emile était désormais un amateur cuirassier.

LE TUEUR DE VIPÈRES

Ce n'est pas d'aujourd'hui que je parle. Dans
ce temps-là, il n'y avait pas encore d'autos. Le
cycliste était le roi de la route. Il dépassait tout
le monde, et c'était lui qui envoyait au visage
des cochers tout ce que sa roue modeste pouvait soulever de poussière. Il arrivait aux étapes
crotté sur le dos, mais avec une figure assez
propre. Maintenant l'automobile qui le dépasse
l'enfarine dans ses tourbillons, lui poudre les
cils et les sourcils, fait de sa barbe jeune une
barbe chenue.

A cette époque, quand on affirmait : j'ai fait
vingt-cinq kilomètres à l'heure, c'était un mensonge qui en valait la peine. Maintenant vingt-

cinq à l'heure, ça ne dit rien, c'est l'allure du train de Grande Ceinture, qui passe avec une noble lenteur dans les passages à niveau, où des monstres à pétrole attendent humblement qu'il ait passé.

*
* *

L'auto, évidemment, est préférable au chemin de fer pour faire connaissance avec les villes. Quand on les traverse, on voit leur figure. En chemin de fer, il est rare qu'on les aperçoive. On ne connaît pas leur valeur réelle. Une ville de dix mille âmes, où l'on ne bifurque pas, n'a pas, sur l'indicateur Chaix, l'importance d'un humble village normand où l'on bifurque, et qui finit par hanter de son nom les voyageurs de l'express, alors que sur la route, épars et disparu dans les feuillages, il échappe complètement au regard du chauffeur.

Il est incontestable que le chauffeur, mieux que le cycliste, prend conscience de la carte de France et que la planche jaune, verte et rose de nos atlas finit par s'animer et par prendre une existence réelle. Les noms des chefs-lieux d'arrondissement ne sont plus maintenant dans notre mémoire comme les assonances d'une chanson enfantine. Ils viennent s'appliquer un à un sur des souvenirs de villes où nous avons passé, où nous avons remarqué une fontaine, traversé une jolie rivière et failli, sur la place d'Armes, écraser un garçon boucher.

C'est bien l'impression que j'ai ressentie, en allant dernièrement au circuit de l'Argonne. Nous étions une bande de trois autos. On partait ensemble d'une sous-préfecture où l'on s'était retrouvé. On se donnait rendez-vous pour l'heure d'après dans le département voisin. On se dépassait, on se perdait ; on avait l'impression de jouer à cache-cache dans tout un coin du bassin de la Seine.

Le cycliste, qui est plus petit et qui va beaucoup moins vite, ne domine pas le pays. Son champ est moins vaste. Il ne traverse pas trente villages ou bourgades dans son après-midi. Mais s'il marche moins bien, il s'arrête mieux. Il s'arrête avec plus de complaisance pour faire reposer son moteur. Il connaît moins l'aspect général des villes, mais il connaît mieux l'intérieur des auberges et il se lie davantage avec l'habitant. Il est même plus libre que le chauffeur, car il n'est pas seulement comme lui affranchi des strictes voies ferrées, mais il échappe même au servage des chemins. Avec sa roue mince il peut s'en aller dans les sentiers. Il profite d'un réseau de routes plus complet ; il pénètre mieux dans la campagne.

*
* *

C'est au cours de ces petites incursions qu'on aperçoit des gens nouveaux, spéciaux, qui vivent à l'écart des routes, dans de vieux rendez-vous de chasse, dans des huttes presque invisibles. Parfois aussi, après avoir traversé des taillis et des terrains sauvages, on a la surprise d'un petit jardin bien cultivé, d'une petite maison de campagne échappée de Bois-Colombes, ornée d'un quinquagénaire, en gilet ouvert et en panama, tenant à la main l'arrosoir classique, obligatoire attribut du petit rentier de banlieue.

Je me rappelle une rencontre pareille dans un département du Centre. J'avais mis pied à terre pour demander un renseignement à un facteur, et je marchais à ses côtés en poussant ma bécane, en oubliant ou feignant d'oublier de remonter dessus. Comme nous passions devant la petite maison, le facteur toucha son képi et le rentier son panama. « Regardez-le bien », me dit entre ses dents mon nouvel ami le facteur. Et quand nous eûmes fait cent pas : « Vous ne devineriez guère comment il a eu sa petite maison... En tuant des vipères.

» C'était un ouvrier qui avait quelques sous d'héritage et qui travaillait à Bourges. Une fois qu'il était venu passer quelques jours dans le pays, et qu'il se promenait dans la forêt, il a rencontré une vipère qu'il a coupée en deux. Alors on lui a dit comme ça qu'il fallait la porter à la sous-préfecture et qu'il en aurait cinq sous. Alors le jour suivant, il s'est mis à chercher des vipères. Seulement il n'y en avait pas beaucoup dans nos bois. Mon Prosper — il s'appelle ainsi — a vu dans des livres que du côté des Cévennes, dans la Loire, il y avait des endroits où ça pul-

lulait. Il est parti par là, et il en a ramené
les plus belles qu'il a pu, à l'aide d'un petit
piège pour les attraper qu'il avait fabriqué tout
seul à Bourges dans son atelier.

» Il a bien appris et étudié les habitudes et
les mœurs des vipères, comment elles se repro-
duisent, quelle nourriture il leur faut. Au bout
de six mois, il y en avait par tout le pays. Prosper en tuait jusqu'à vingt et trente par jour et
touchait la prime. Bien entendu, il sacrifiait les
plus chétives et gardait les vigoureuses pour la
reproduction, de sorte que la race s'est bien
améliorée et qu'au bout de deux ans les bois
étaient pleins de vipères magnifiques, et le
nombre des personnes piquées augmentait tellement tous les mois qu'on a élevé la prime à
trente-cinq centimes. Des gens du pays se sont
mis à en tuer. Seulement, mon Prosper n'aimait
pas ça, non pas tant à cause de la concurrence,
mais parce qu'on lui tuait ses plus beaux mo-
dèles. Il est allé dire à la préfecture que si on
ne lui laissait pas le monopole il ne s'en occu-
perait plus. Quelquefois aussi il voyageait. Il
emportait avec lui un petit panier de serpents

et il s'en allait dans un autre département pour s'installer un ou deux mois. Il a fait comme ça une trentaine de forêts. On l'estimait beaucoup parce qu'il tuait des quantités de vipères. Mais on a fini par se fatiguer de lui payer des primes, d'autant que plus il en tuait, plus il y en avait. Alors il paraît que le service des forêts a employé des trucs chimiques et qu'on a empoisonné les vipères je ne sais pas comment. Toujours est-il que mon Prosper n'a pas pu continuer, et qu'il s'est retiré des affaires, après avoir tué, que l'on dit, plus de cent mille serpents.

» Maintenant il vit tranquillement dans sa petite maison. Il élève des canaris. Mais vous ne m'ôterez pas de l'idée que c'est un homme qui s'ennuie. »

L'AUTOMOBILE A BRAS

La plus noble conquête que l'homme ait
jamais faite est, a-t-on dit justement, celle du
cheval-vapeur.

Certes on ne peut dire de lui ce que M. de Buffon disait du cheval-mammifère, qu'il « semble
vouloir se mettre au-dessus de son état de qua-
drupède en élevant sa tête... qu'il regarde
l'homme face à face, que ses yeux sont vifs et
bien ouverts... et que sa queue traînante et
touffue couvre et termine avantageusement
l'extrémité de son corps ».

Mais, moins décoratif, il est plus sobre et
plus doux et, disons-le hautement, plus

modeste : on ne s'aperçoit de sa présence que lorsqu'il commence à travailler. Les chevaux-vapeur, au signal du mécanicien, accourent joyeusement dans les cylindres, par petites troupes toujours grossissantes. Car ils vivent plutôt en groupes qu'isolés, et forment parfois de véritables armées.

Le cheval-vapeur remplace avantageusement le cheval ordinaire dans la traction de ces voitures que l'on appelle automobiles, parce qu'elles ont l'air de marcher toutes seules. En réalité, c'est le modeste cheval-vapeur qui leur donne le mouvement. Mais, au lieu de faire de l'esbrouffe entre des brancards, de piaffer, de stepper, comme s'il voulait boxer l'espace avec ses sabots de devant, le cheval-vapeur se dissimule dans le coffre de la voiture, où sa présence ne se décèle que par le bruit régulier de son reniflement.

Et parfois aussi par un peu de fumée, car le cheval-vapeur fume en travaillant. C'est son seul défaut, et encore prétend-on que ce n'est pas lui qui fume, et que les flocons qu'on aperçoit sont exhalés par le brouet noir — de charbon de terre — dont il fait le plus souvent sa nourriture.

Ce qui, mieux que tout, atteste la modestie du cheval-vapeur, c'est la touchante égalité qui règne dans son espèce. Il n'y a pas, chez eux, de pur-sang ni de demi-sang, et personne ne s'occupe d'améliorer la race des chevaux-vapeur. On songe seulement à les rationner et à leur faire produire le plus de travail possible en réduisant leur nourriture à son minimum.

Le cheval-vapeur a remplacé le cheval dans la voiture à cheval. Il lui reste désormais à remplacer l'homme dans la voiture à bras.

La solution de ce problème — qui paraissait tout simple — eût présenté de gros avantages. On licenciait les hommes de peine, et l'on mettait sous la voiture un petit moteur.

Mais, dans la pratique, on se heurta à des difficultés de toutes sortes.

Le cheval-vapeur, si docile d'ordinaire, donna des marques de la plus grande insubordination.

Il s'en alla devant lui, droit comme une balle, ne suivit pas le contour sinueux des rues, entra dans les devantures, écrasa froidement des passants.

C'est peut-être, eût pensé M. de Buffon, que cette âme candide ne veut pas s'écarter du droit chemin et qu'elle ne s'accommode point des routes qui obliquent et des sentiers tortueux.

MAMAN, LES P'TITS BATEAUX...

Nous avons aujourd'hui une bonne explication de l'accident qui vient de coûter la vie à un torpilleur, *l'Ariel*.

« Les rapports des deux commandants, disent les notes, concluaient que la collision est due à ce fait que le *Friant* et *l'Ariel* suivaient une route presque perpendiculaire. »

Si ces bateaux avaient suivi des lignes parallèles, tout porte à croire qu'ils ne se seraient pas rencontrés.

D'après la définition, deux lignes parallèles ne se rencontrent « qu'à l'infini ». Or, les navires de l'Etat ne sont pas construits pour aller jusque-là.

Il paraîtrait que le jeune torpilleur dont on déplore aujourd'hui la perte était très brillant et avait donné toute satisfaction aux essais. Hélas ! c'est toujours les bons qui s'en vont.

Nous apprenons également que les deux commandants ont reçu du ministre les félicitations qui leur étaient dues.

Les collisions, ce sont les faits d'armes du marin.

On n'a pas oublié l'exploit de cet illustre amiral qui, à la tête du cuirassé *Amiral-Baudin*, monta à l'assaut d'un monticule de sable sous-marin.

C'était une expérience des plus intéressantes : il s'agissait de savoir si on pouvait faire marcher les cuirassés sur la terre ferme. La solution de ce problème eût présenté d'énormes avantages.

Actuellement, les cuirassés sont obligés de faire un voyage périlleux, de contourner toute l'Espagne pour aller de leur cale sèche de Rochefort aux bassins de radoub de Toulon.

Voilà bien la routine de la vieille administration...

L'essai de *l'Amiral-Baudin* ne fut pas très

concluant. Il n'a pas été renouvelé depuis, car les échouages des navires de l'Etat sont très rares.

Pour échouer, il faut au préalable avoir pris la mer... On ne trouve pas de récifs sous-marins dans les bassins de radoub.

La collision de l'autre jour prouve du moins qu'il y avait, en même temps, sur l'Océan Atlantique, deux navires de l'Etat.

SOUVENIR DE L'EXPOSITION

Est-ce que, dans la langue antique, le mot
« vates » ne désigne pas tout ensemble les
poètes et les devins?

Il est certain, mon cher Franc-Nohain, qu'il
y a chez les poètes un instinct prophétique
obscur. Comment expliquerai-je autrement
cette coïncidence qui fit que le jour précis où
vous publiâtes dans le *Journal* un poème qui
comparait la plate-forme mobile à Isaac Laquedem, je rencontrai ledit Laquedem lui-
même, aux tourniquets dudit trottoir roulant?

La légende n'assigne pas à la physionomie
du Juif-Errant, en dehors d'une longue barbe
blanche, de traits distinctifs bien caractérisés.

Aussi n'aurais-je pas reconnu le vieux globe-trotter sans un incident qui me dévoila clairement sa personnalité.

Il s'était approché du tourniquet et avait allongé ses vingt-cinq centimes.

— C'est dix sous, lui dit l'employé.

Le vieillard tira de sa poche cinq autres sous, qui venaient de s'y reformer, et les déposa sur le tourniquet, à côté des vingt-cinq autres centimes. Mais l'employé, invoquant un écriteau proche, fit remarquer que le tourniquet ne recevait pas de billon.

— Changez vos sous contre une pièce de cinquante centimes au guichet d'à côté.

Laquedem se trouva très embarrassé, car il lui était interdit de transporter, fût-ce pendant deux secondes, une somme supérieure à cinq sous.

C'est alors que, m'avisant, il me demanda de donner pour lui une pièce d'argent en échange des cinquante centimes de billon qu'il avait laissés sur la plaque du tourniquet, et qu'il me pria de ramasser.

C'est ainsi que je me trouvai nanti de plusieurs décimes et demi-décimes de provenance surnaturelle.

Je les ai serrés dans un tiroir, parce qu'ils viennent de Dieu, et ensuite parce que je ne veux pas me mettre dans un mauvais cas en faisant circuler de la fausse monnaie. Il n'appartient, en effet, à personne, et pas plus au bon Dieu qu'à un autre, de fabriquer de la monnaie, et le cas est d'autant plus grave que la monnaie de billon est une monnaie fiduciaire.

Cependant le Juif-Errant, avec un entrain juvénile, était monté sur le trottoir roulant.

— Je ne suis pas fâché de passer quelques instants là-dessus, me dit-il. Ça va me permettre de me reposer. D'en haut, Il va croire que je continue à marcher.

Et il sourit finement dans sa grande barbe, d'un blanc un peu jaunâtre.

— Je croyais qu'Il voyait tout? hasardai-je.

— Certainement qu'Il voit tout. Seulement, il faut compter sur les illusions d'optique.

J'étais, comme on peut penser, fort ému de me trouver ainsi sur le trottoir roulant en compagnie d'un personnage aussi célèbre. J'aurais

voulu ne pas passer à ses yeux pour un sot et
lui dire quelque chose d'extraordinaire; mais
ça n'était pas commode. Il était, avec ses dix-
neuf cents et des années, d'une expérience un
peu déconcertante. Toute parole que je dirais
ou bien serait fauchée instantanément par une
contradiction irrésistible ou bien lui semblerait
outrageusement banale, étant conforme à ce
qu'il pensait depuis si longtemps. De guerre
lasse, je me bornai à lui demander si c'était la
première fois qu'il venait à l'Exposition.

Il m'honora d'un signe de tête affirmatif.

— Et comment la trouvez-vous? demandai-je
en hésitant, avec une opinion différente dans
chaque main.

— Pas mal, pas mal. Mais j'ai vu mieux.

— 89, sans doute?

— Non. Les fêtes de Byzance en 552. C'était
plus riche.

— Est-ce que je suis ignorant?... mais il me
semble qu'on n'en a pas beaucoup parlé dans
l'histoire?

— On n'en a pas parlé, parce que les historio-
graphes de l'époque étaient en mauvais termes

avec le gouvernement impérial. Mais moi, qui
y ai été, je puis vous dire que c'était bien.

Et il me parla d'un tas d'histoires de la
cour byzantine, que je n'ai pas retenues, et
qu'il contait, d'ailleurs, d'une façon un peu
monotone. J'oubliais de l'écouter, et j'exa-
minais son costume : un complet gris, des
guêtres et de solides brodequins. Je me deman-
dais comment il s'était procuré ces vêtements,
quand il me renseigna lui-même en me disant
qu'il avait rendez-vous, au pont d'Iéna, avec un
employé de Dufayel, qui recueillait son verse-
ment quotidien de vingt-cinq centimes.

— Descendons du trottoir roulant, me dit-il.
J'ai suffisamment truqué. Il ne faut pas trop
tirer au flanc. Ça pourrait être malsain.

J'étais un peu étonné de le voir employer ces
expressions d'argot régimentaire. Il m'expliqua
qu'il causait fréquemment avec des soldats,
quand il suivait, pour se distraire, des régi-
ments en marche.

En descendant du trottoir roulant, je lui offris
de venir se rafraîchir. Mais il évitait de boire,
à cause de ses exercices de footing prolongés.

— Avez-vous le droit de venir avec moi dans quelque théâtre exotique?

— Je veux bien, dit-il, à condition toutefois qu'il y ait un promenoir, où je puisse déambuler.

Nous étions entrés dans une galerie, je ne sais plus où, et nous lûmes sur un panneau le nom de Louis XIV.

— Louis XIV! dit le Juif-Errant. Un charmant petit enfant ! Je l'ai vu à l'âge de six ans, un jour qu'il sortait du Louvre... C'est à cette époque que je suis parti en Asie-Mineure, où j'ai séjourné, de droite et de gauche, près de cent quatre-vingts ans. Quand je suis revenu en France, on en était au Louis XVIII. Mais il ne faut pas nous arrêter, marchons!

— C'est une terrible existence que la vôtre, lui dis-je, (car je commençais à me fatiguer).

— Eh bien, non ! Je me plains souvent, parce que j'en ai pris l'habitude au début. Mais, au fond, j'ai fini par aimer cette vie en plein air. Et puis j'inscris chaque jour la distance que j'ai parcourue. Avec mon train d'une bonne lieue à l'heure, ça me fait mes petits 36.500 ki-

lomètres en une année, c'est-à-dire en un an et
35 jours le tour de l'équateur. J'ai fait la valeur
de 1.700 fois ce tour-là, depuis que je marche.

A l'énumération de ces chiffres, je me décou-
rageai de plus en plus. C'est exténuant de suivre un homme qui ne s'arrêtera jamais avant
vous.

Et, l'avouerai-je ? la question de fatigue même
mise à part, je le quittai sans aucune espèce de
regret.

Depuis quelques minutes j'avais repris de
l'assurance, et j'avais fini par me lasser de ce
vénérable compagnon, que rien n'épatait plus.
Il avait vu beaucoup de choses, mais il en avait
trop vu, et surtout les avait vues trop âgé. Il
avait passé son existence à entrer trop vieux
dans des siècles trop jeunes. Et puis, lui qui
n'aurait eu qu'à se raconter modestement pour
étonner le monde, je m'aperçus que ça ne lui
suffisait pas, qu'il gâtait son affaire par un peu
de jactance, et même qu'il brodait assez mala-
droitement. C'était déjà joli de causer avec un
monsieur qui avait parlé à Charlemagne, mais
pourquoi ajoutait-il, pour se donner des gants

que le grand empereur l'avait appelé « Isaac »
par-ci, « mon vieux Laquedem » par-là, ce qui
nous était tout à fait égal?

Il était encore déplaisant de le voir truquer
de mille façons puériles et s'arrêter à tous les
petits endroits, pour « couper » quelques instants au châtiment céleste qui l'obligeait à
marcher toujours. Ce n'était pas digne d'un
vieillard de mille neuf cent onze ans. Il s'amu-
sait aussi à parler plusieurs langues aux employés arabes ou indo-chinois. Et d'autres fois
je crus remarquer que son esprit était d'ordre
inférieur et qu'il ne reculait pas devant les
calembours les plus surannés.

Quand nous nous sommes séparés, nous
avons pris rendez-vous pour jeudi, au pied de
la Salamandre; il m'a dit qu'il y ferait les cent
pas en m'attendant. S'il m'attend vraiment, il
fera, je crois, plus de cent pas.

ROMÉO

Fort heureusement, dans cette rue-là, il n'y avait pas de glaces aux boutiques. En me présentant brusquement mon image, une glace eût glacé les ardents discours qu'oublieux de mon obésité et de ma démarche lourde, j'adressais à Mme Chernuzon.

La glace m'eût dit clairement : « Tu pèses dans les 200 livres anglaises et tu es aussi haut que large dans ton pardessus marron. Laisse donc la belle Chernuzon tranquille, et ne lui propose plus de voyages en berline. Tu parles d'aller retrouver la grande nature qui se fiche de toi. Et tu as en vue un poétique et charmant village! Mais t'es-tu seulement informé et sais-tu si le boucher de l'endroit a de la viande fraîche tous les jours ? Au bout de vingt-quatre heures, tu seras d'une humeur farouche, faute de ton rumsteack quotidien. »

Malheureusement, aucun miroir ne m'envoya cet avis profitable. Je continuai à parler à Mme Chernuzon de ma passion emportée et des beaux projets romantiques que j'avais formés, au cas où elle donnerait suite à la chose.

Je ne me voyais plus que grand et mince, élégant, et mes yeux n'apercevaient pas ma barbe vénérable. Sur le bitume sec, les talons de mes snowboots sonnaient comme des éperons d'or. J'étais le beau Lindor, et j'étais Roméo.

C'est alors que Mme Chernuzon éclata de rire, car une volée de plâtras avait éclaboussé mon chapeau.

Et, levant la tête, nous aperçûmes Roméo lui-même, en cotte et en bourgeron. Suspendu à son échelle, il grattait méthodiquement une façade.

NOUVEAUX FAITS D'ARMES MARITIMES

Les détracteurs systématiques de notre marine nationale ont dû faire, hier, une singulière figure, quand ils ont lu dans les journaux du soir cette triomphante information :

« *Les dépêches* que nous recevons des différents *ports de guerre* annoncent que le Vendredi Saint a été célébré, avec le cérémonial ordinaire, sans incident notable. »

La mention *sans incident* a une certaine portée, quand on songe que, dans le rude langage maritime, le mot *incident* remplace généralement, — ou plutôt amiralement — le mot *accident :*

« Partout, les navires ont mis leurs pavillons

en berne, et le canon de l'arsenal a tiré de
demi-heure en demi-heure. »

La mise en berne d'un pavillon, ça n'a l'air
de rien, mais c'est une manœuvre assez
difficile, et qui ne s'exécuterait pas commo-
dément si nos navires ne jouissaient d'aucune
solidité, comme on s'est plu souvent à le dire.

Mais on nous promet pour aujourd'hui des
manœuvres encore plus extraordinaires et, il
faut l'avouer, un peu imprudentes :

« Samedi, à midi, les vergues seront re-
dressées et les batteries de salut tireront une
salve de vingt et un coups de canon. »

On ne nous dit pas si c'est encore le canon
de l'arsenal qui sera chargé de cette délicate
mission, ou bien si ces belles salves seront
tirées témérairement à bord des cuirassés,
dans les bassins de radoub.

Puisque nous parlons de notre marine, il
n'est pas inopportun de préciser une information au sujet des achats de vaisseaux récemment effectués en Italie par une commission des Etats-Unis.

On s'est demandé pourquoi les Américains

ne se sont pas adressés à nous, qui sommes
toujours prêts à céder quelques-uns de nos
vaisseaux. La commission a visité nos bâti-
ments de guerre, et les a, disons-le, beaucoup
admirés. Malheureusement, on s'est aperçu
qu'ils n'étaient pas démontables, et on s'est
demandé en vain à l'aide de quels moyens de
transport on pourrait les amener de l'autre
côté de l'Atlantique.

L'ENLÈVEMENT D'AGATHE

Agathe avait dix-sept ans, Henri dix-neuf ans. Ils s'aimaient d'amour.

On était au mois d'octobre. Le double aveu avait été échangé au mois de février. C'est la meilleure époque pour l'éclosion des grandes passions. Le printemps les fait pousser d'une façon extraordinaire. Elles arrivent à leur pleine force au solstice d'été.

Le père d'Henri et le père d'Agathe avaient des situations équivalentes, l'un dans les diamants et pierres précieuses, l'autre dans les engrais. On se doutait bien de l'amour des deux jeunes gens. Mais on les trouvait encore trop jeunes pour les unir. Cette légère résistance de leurs ascendants pouvait prendre, à l'aide d'un peu d'imagination, l'aspect d'un obstacle insurmontable et excitant, tel que la haine légendaire des deux familles de Vérone.

Qu'une jolie demoiselle écoute sans mot dire, avec de grands yeux clairs, la parole fougueuse d'un jeune homme de vingt ans, il n'en faut pas davantage pour qu'il découvre entre leurs deux âmes une parfaite concordance.

Au café-concert, un Monsieur glabre, aux cheveux noirs plaqués en pointe sur le front, vous a raconté sa mésaventure : la rencontre, un beau dimanche, (près de la place Blanche), d'une brunette au corsage rebondi (que l'on retrouve le lundi), et qui retire à l'heure solennelle son faux chignon, ses canines et ses incisives, et la majeure partie de ses belles formes. Les jeunes filles de bonne maison ont généralement des dents qui tiennent aux gencives, une chevelure bien fournie et n'exagèrent point le volume naturel de leur poitrine. Mais il n'est pas rare de les voir déposer sur la toilette, peu de temps après la noce, toutes sortes d'agréments moraux postiches : goûts littéraires, amour de la famille, générosités, etc.

Agathe n'eut pas besoin de cet attirail dont l'avait affublée la complaisance d'Henri. La nature, qui arme si bien ses procréatrices, lui avait donné le matériel d'armement n° 1, celui des troupes d'élite.

C'étaient :

1° De fins cheveux châtains, qui étaient d'anciens cheveux blonds;

2° Un teint éclatant et des traits très fins, le nez modèle 1750, dit à la Roxelane;

3° Une jolie bouche, un peu revêche, dont on désirait calmer la bouderie; des yeux vifs et un regard moqueur, afin qu'on souhaitât d'être l'homme qui, de ce regard moqueur, ferait un regard reconnaissant et attendri.

Henri, qui n'avait que de rares prétextes valables pour aller chez les parents d'Agathe, rencontrait son amie chez une cousine à lui, une petite fille de quinze ans, très flattée d'être la confidente de cette aventure mysté- rieuse. Il arrivait à la tombée du jour, et, sous les yeux ravis de la petite cousine, il prenait Agathe dans ses bras et lui donnait de tendres baisers.

Mais ce jeune homme n'appréciait peut-être pas à sa valeur le bonheur qui lui était dévolu. A cet âge impatient, on établit une hiérarchie entre les différentes sortes de faveurs que ces dames et demoiselles veulent bien nous accorder.

Un baiser sur la joue n'a pas autant de prix qu'un baiser dans le cou. Un baiser dans le cou ne vaut pas un baiser sur les lèvres.

Henri était alors plus ambitieux que passionné. Il recherchait moins le bonheur que le succès précoce.

Depuis l'âge de dix ans, il avait conquis comme des grades les différentes joies de la vie : son premier pantalon long, son premier cigare, son bachot avec dispense, sa première femme, son premier amour.

*
* *

Une conférence très grave eut lieu un soir chez la petite cousine, dont les parents, qui s'étaient aperçus de quelque chose, ne voulaient plus favoriser les amours secrètes d'Agathe et d'Henri. A la suite de cette conférence, Henri décida qu'il enlèverait Agathe, qu'il l'emmènerait à Bruxelles, et qu'il forcerait ainsi le consentement des deux familles rebelles. D'autre part, ce scandale avait l'avantage de consacrer aux yeux du monde l'importance de leur passion.

Pour accomplir ces projets, il fallait se procurer de l'argent.

Henri n'avait que son modeste traitement de fils de famille : trente francs par semaine, soit vingt-cinq francs de son père et cinq francs de sa mère, plus cent sous de supplément par jour férié.

Il établit avec soin le devis de son escapade :

Fr.

Billets de chemins de fer, billets de bagages, 2 paniers de provisions, pourboires et
omnibus, soit environ   100

Quinze jours de séjour à 50 francs l'un. (On
le rappellerait certainement au bout de quinze
jours.)   750

Douze chemises neuves. (Ses chemises étaient
un peu usées. La seule pensée qu'Agathe ver-
rait l'éraillure d'un col l'affolait.)   120

Six caleçons, 12 paires de chaussettes de
soie   120

Une valise anglaise.   80

Un costume de voyage de dame.   150

Un petit trousseau qu'il faudrait acheter à
Bruxelles, car une jeune fille, en quittant furtivement le logis paternel, peut difficilement
emporter ses malles. Et d'ailleurs, pour
Agathe, la perspective d'acheter du linge neuf
brodé entrait pour beaucoup dans les joies du
voyage.   500

Avec 180 francs de frais divers et imprévus,
on atteignait le total vraiment consternant de
deux mille francs.

Jamais Henri n'avait eu sur lui une telle
somme. Quand, tous les semestres, son père

l'envoyait porter les huit cents francs du loyer au gérant des immeubles, il fallait voir avec quelles précautions Henri introduisait les bank-notes dans la poche intérieure de sa veste, et comme il protégeait cette poche bien lestée contre les coudoiements des passants.

A diverses reprises, il avait eu besoin de quelques louis. Il avait alors mieux aimé vendre des livres, recourir à divers expédients, mettre des boutons de manchette au Mont-de-Piété que de s'adresser à ses parents et de perdre ainsi sa réputation de bon jeune homme.

Il alla trouver son oncle Charles, l'associé de son père, et pour un motif grave, lui demanda deux mille francs.

*
* *

Il était cinq heures du soir quand il sortit de chez son oncle avec la somme demandée. Il lui sembla qu'il avait désormais une certaine importance dans le monde.

En passant devant un café, près de l'Opéra, il eut le désir de s'asseoir à une des tables. Il ne voulait pas toucher à ses deux mille francs. C'était de l'argent sacré. Mais il avait encore sur lui quelques pièces blanches d'argent non sacré.

Il aperçut un de ses camarades de collège, à qui il offrit à boire. Au moment de régler les consommations, au lieu de payer avec sa monnaie, il tira un de ses billets de mille francs. Puis, son camarade l'ayant quitté, il se demanda ce qu'il allait faire de sa soirée. Rester avec ses parents après le dîner, il ne pouvait pas s'y résoudre. Il était impatient d'être au lendemain pour aller voir Agathe et fixer avec elle l'heure du départ. Il résolut donc de commencer la soirée dans un endroit agité, un music-hall quelconque, et de la terminer chez une amie dont il connaissait simplement le petit nom : Floriane.

Cette visite à Floriane se justifiait par d'excellentes raisons. Henri était un garçon timide et un peu inexpérimenté. Il n'avait jamais fait voyager de dame, et pensait obtenir de Floriane, au cours de la conversation et sans trop préciser, quelques renseignements que son orgueil de jeune homme soi-disant averti l'empêchait de demander à un ami. L'entrée au music-hall et les renseignements de Floriane pouvaient être imputés sur les 180 francs du chapitre : *Imprévu*.

Comme il regagnait le logis paternel, il passa devant un magasin de cycles. Il aperçut une superbe motocyclette qu'il avait souvent admirée. Ayant de l'argent sur lui, il se donna le plaisir de la marchander et de s'en faire détailler les différents avantages. Je pourrais peut-être, pensa-t-il, me payer cette machine, en économisant sur l'enlèvement, en n'achetant que six chemises, en diminuant un peu le prix de la valise anglaise et des chaussettes de soie.

En arrivant chez lui, il s'attendrit de voir le potage fumer sur la table et un père sans défiance lire son journal au coin du feu. Sa mère l'embrassa comme à l'ordinaire, et il fut tout remué en pensant au trouble qu'allait causer dans cet intérieur si calme sa subite disparition. Il se décida à passer la soirée en famille, sauf à s'échapper vers onze heures. Il s'était promis d'aller chez Floriane (et l'on revient rarement sur ces promesses-là). Il envisageait plus sérieusement les conséquences de son équipée. Pourtant, il s'y résignait encore. Mais, en sortant de chez Floriane, il se sentit fort assagi. Il eut la force d'âme de renoncer à ses aventureux projets.

Il revit Agathe le lendemain et lui expliqua avec beaucoup de gravité qu'il ne fallait pas compromettre leur vie par une folle aventure. Agathe, au fond, ne s'était emballée sur ce projet que parce qu'elle avait vu Henri très exalté. Du moment qu'il n'y tenait plus elle y renonçait avec plaisir. « D'ailleurs, lui dit Henri, je vais vous faire un cadeau. Je vais vous donner trois cents francs. Vous vous achèterez du linge brodé, et vous direz à votre mère que vous l'avez gagné dans une tombola. »

Il ne rendit pas à son oncle le restant des deux mille francs. Il le plaça à la Caisse d'épargne, et l'en retira peu à peu pour des paris aux courses, des locations de motocyclettes, ou de timides orgies.

LES DEUX PLUS HEUREUX DES TROIS

Le matin du Derby de Chantilly, à onze
heures moins le quart, M. William Alcindor
héla un cocher qui traversait la place Victor-
Hugo, et lui donna l'adresse de M. Chernuzon,
rue d'Anjou.

Dans le fiacre, M. Alcindor s'impatienta, car
il était tombé sur le cocher savant, variété plus
dangereuse encore, pour le client pressé, que le
cocher hostile ou le cocher flemmard.

Le cocher savant, avec la froide dignité d'un
homme bien au-dessus du numéro que la des-
tinée a infligé à ses lanternes, se tient droit et
porte beau sur son siège, les rênes tendues,
ralentit sa bête aux montées, la ménage aux

descentes, et défile constamment, pour un concours d'attelage, devant un jury imaginaire.

M. Alcindor s'impatientait, car il était pressé ce jour-là.

La conquête de Mme Chernuzon, commencée au mois de mars, était sur le point d'être terminée. M. Alcindor comptait sur quinze jours encore d'impatience heureuse.

C'était pour lui le meilleur moment. Comme don Juan, M. Alcindor était un *conquérant*. Il manquait des qualités de l'*administrateur*.

Reconnaître un pays nouveau, s'en approcher par une tactique savante, donner les assauts successifs et planter enfin le drapeau vainqueur, voilà ce qui l'intéressait dans l'amour.

Mais gouverner, fertiliser, améliorer le pays conquis, ce n'était plus de la besogne de chasseur et d'homme de guerre. Ce n'était plus une tâche d'amoureux, mais d'être aimant, de rond-de-cuir de l'amour.

Chaque année, M. Alcindor prend ses dispositions pour être tout à fait libre au moment du printemps. Le printemps invite à l'amour, et M. Alcindor accepte avec plaisir son aimable invitation. Mais le printemps doit réchauffer des amours nouvelles. Dans le courant de février, M. Alcindor partait à la recherche d'une fraîche passion.

M. Alcindor, sportsman émérite, était grand amateur de courses de chevaux. L'amour et les courses de chevaux faisaient pour lui de chaque printemps une saison délicieuse. Pour qui s'intéresse au sport hippique, la période qui va du 15 mars au Grand Prix est fertile en angoisses et en joies. Les grandes épreuves étant réservées aux chevaux de trois ans, l'intérêt se trouve renouvelé chaque année par l'entrée en scène d'une génération inconnue. Chaque dimanche de la saison nouvelle apporte une nouvelle notion et une nouvelle émotion.

Sur le terrain plat, le cocher savant ayant légèrement accentué l'allure, M. Alcindor se dit :

— La vie est belle.

Il allait assister, ce jour-là, à un beau Derby. Mais, auparavant, il déjeunerait en compagnie de Mme Chernuzon, la femme qu'il aimait.

Puis il irait aux courses avec M. Chernuzon

qui était, lui aussi, un passionné de sport.

M. Alcindor était très difficile dans le choix du mari de ses maîtresses.

C'est ainsi que l'année précédente il avait évité de donner suite à des pourparlers entamés avec Mme Lombel, dès qu'il eut remarqué une simple petite verrue sur la joue de M. Lombel.

Cependant, on était arrivé rue d'Anjou. Le fiacre ralentissait, obliquait, et sous les rênes tendues du cocher savant, le cheval, levant les sabots, s'approchait avec précaution du trottoir et du ruisseau, comme une jolie baigneuse steppe au bord de la vague.

M. Alcindor régla le cocher savant, et tous deux s'oublièrent pour la vie.

*
* *

M. Alcindor trouva Mme Chernuzon dans son petit salon. Elle était vêtue d'une robe d'intérieur blanche et flottante.

M. Alcindor la regarda. Elle lui fit plaisir à

voir. Le cheveu était bel et blond. L'œil était clair, le teint éclatant. Elle était en bonne condition, ce jour de Derby.

— Une surprise, dit-elle. Nous déjeunons seuls. Albert est parti pour Chantilly ce matin avec Treguer. Il voulait passer vous prendre. Mais je lui ai dit que vous ne seriez pas prêt... Ai-je bien fait ?... Vous ne serez pas obligé de vous sauver à Chantilly après déjeuner. Vous pourrez passer l'après-midi avec moi... Je croyais que vous seriez plus content...

— J'éprouve une joie profonde, répondit M. Alcindor.

Cette adorable femme, pensa-t-il, ne sait pas ce que c'est qu'un Derby...

*
* *

Un déjeuner froid et sommaire fut servi dans un coin de la petite pièce, où l'on déjeunait quand on était dans l'intimité.

William et Henriette (appelons-les par leur

petit nom) étaient assis l'un en face de l'autre, correctement. Mais, sous la table, à la faveur de l'ombre, deux petits pieds chaussés de mules s'appuyaient sur deux grands pieds en cuir verni.

M. Alcindor pensait à une chanson de sa jeunesse où il était question d'un de ses homonymes :

« Étais-tu passionné, bel Alcindor, disait en substance cette chanson, quand tu effleurais de caresses légères les appas de la belle Arsène ? »

M. Alcindor était passionné, sans aucun doute.

Son indifférence était actuellement très nette à l'égard des chevaux de trois ans, des allées d'entraînement, du paddock, du dernier tournant, et de toute la descendance du Sancy, de Révérend ou de Stuart.

Il y avait dans un coin du salon un divan large, souple, avec des coussins comme s'il en pleuvait.

Il arriva ce qui arriva. C'est un peu pour une histoire pareille qu'Adam, à l'Éden, eut toutes sortes d'ennuis. Mais Celui qui voit tout a fini par s'habituer à ce genre de spectacle.

— Je t'adore, dit ensuite William.

Puis il ajouta plaintivement :

— Ce qui me désespère, c'est que, pour ne pas vous compromettre, je vais être obligé d'aller à Chantilly.

— Non, dit Henriette.

— Si, dit M. Alcindor (rendons-lui son nom de famille). Votre mari connaît ma passion pour les courses. S'il ne me voyait pas là-bas, il en concevrait les plus terribles soupçons.

— Je suis navrée que vous partiez, dit Henriette. J'aurais voulu rester tout l'après-midi avec vous.

— Il faut que je parte, dit M. Alcindor. Je dois avoir de la raison pour deux.

— Revenez dîner avec Albert.

— Je reviendrai dîner.

Il l'embrassa paternellement, descendit l'escalier d'un air accablé, jeta de la rue un tendre coup d'œil à la fenêtre, car Henriette était peut-être derrière les rideaux. Puis il héla un fiacre.

— J'ai un peu moins de dix minutes pour

aller à la gare du Nord. Cent sous si vous arrivez pour le train de 2 heures 15.

C'était le dernier train spécial.

Dans le train, M. Alcindor eut un moment d'ivresse en lisant les journaux de sport. Quand il s'en fut bien pénétré, il constata qu'il lui restait encore dix minutes de trajet. C'était long. Il bâilla. Puis il eut l'idée d'employer ces dix minutes au ressouvenir de Mme Chernuzon et des doux événements récents. Enfin le train entra en gare.

Une voiture d'un autre âge, attelée d'un vieux cheval bondissant, qui n'avait d'avoine que les jours de courses, lui fit franchir rapidement le court espace qui sépare le chemin de fer de l'enceinte du pesage. M. Alcindor y arriva au moment même où des chevaux entraient en piste, pour courir le handicap qui précède immédiatement la grande course.

M. Alcindor se rendit tout de suite au paddock, où les concurrents du Derby, très entourés, sont promenés sous l'œil des snobs et des connaisseurs.

M. Alcindor aperçut Albert Chernuzon en

contemplation devant Palmiste, le cheval gris
du baron de Schickler.

— Bonjour, dit M. Chernuzon. Il est magnifique d'état, ajouta-t-il en désignant Palmiste.

— Vous l'avez joué? demanda M. Alcindor.

— Très cher, dit M. Chernuzon. Je serais bien
heureux s'il gagnait, d'abord parce que ça me
rapporterait gros, mais surtout parce que c'est
un beau cheval.

M. Alcindor résolut d'appuyer de quelques
louis la chance de Palmiste. Non pas qu'il s'ar-
rêtât une minute à la croyance vulgaire que
M. Chernuzon devait avoir une chance spéciale
ce jour-là, mais il avait dans les connaissances
de son ami une grande confiance.

Il chargea un camarade, qui allait au guichet
du mutuel, de lui prendre des tickets de Palmiste. Il tenait à ne pas quitter M. Chernuzon.

Un brouhaha annonça l'arrivée du handicap.

Ils firent quelques pas hâtifs jusqu'à la barrière qui bordait la piste. Les chevaux passèrent.
Un numéro fut affiché.

— C'est Santander, dit M. Chernuzon...
Alcindor, ajouta-t-il, en rentrant dans un étui

sa lorgnette de courses, j'ai des choses assez
sérieuses et un peu gênantes à vous dire. J'aime
mieux vous en parler nettement et vous les dire
tout de suite, pour ne pas gâter mon Derby de
tout à l'heure par la préoccupation qu'il me faudrait vous les dire après... Je me suis aperçu
que vous faisiez la cour à ma femme. Or, je ne
veux pas de ça. C'est très simple... Regardez-
moi Castelnau. Il a fondu. Ce n'est plus le cheval du Prix Lagrange... Je vous disais donc que
je ne veux pas de ça. Je vous aime beaucoup,
et je ne veux pas cesser mes relations avec vous.
Je vous verrai aux courses ou ailleurs, mais
chez moi le plus rarement possible... Il est
temps d'aller au-dessus de la tribune. Duvignez
est là-haut. Il a dû nous retenir des places,
mais si nous tardons, on les lui prendra de
force... Non, mon ami, je ne veux pas de complications dans ma vie... Je veux ma tranquillité.
Ma femme n'est pas malheureuse avec moi. Je
ne la trompe pas. Nous sortons quatre soirs par
semaine. Les distractions ne lui manquent pas...
Je ne veux pas qu'elle me trompe.

Ils étaient arrivés au sommet de la tribune.

Ils s'appuyèrent contre la barrière qui en borde le toit.

— Il n'y a pas énormément de monde sur la pelouse, dit M. Chernuzon. Le temps n'était pas engageant... Nous ne faisons pas d'embarras ni l'un ni l'autre, ni de phrases à effet. Je suppose que vous n'avez pas une grande passion. En admettant que vous plaisiez à ma femme, il est douteux qu'elle ait pour vous un amour profond et irrémédiable.

— Je vous assure que vous vous méprenez, dit M. Alcindor, sur le but de mes visites. Evidemment, je ne viens pas chez vous seulement pour vous, mais pour votre femme, pour qui j'ai une vive amitié... Seulement, si cela vous choque et vous tracasse, je n'ai qu'à m'incliner. Je ne reviendrai plus.

—Je ne vous dis pas de ne plus revenir. Je vous dis de venir moins souvent... Voici les chevaux.

Les concurrents, précédés du starter, défilèrent devant les tribunes; puis ils s'élancèrent, pour le galop d'essai. On les admirait au passage. Leurs sabots légers, en frappant sur le sol, soulevaient des rumeurs.

— Venez de temps en temps, dit M. Chernuzon, quand tous les chevaux se furent éloignés tout au bout de la piste pour se ranger au poteau du départ. Mais je vous avertis que cette assiduité est dangereuse, et que ça finirait par mal tourner. Et si ça tournait mal, chacun de nous, au bout d'un laps de temps plus ou moins long, finirait par s'en repentir. Car je suis sûr...

Partis !

L'anxiété, un moment reposée, reprit et s'accrut pendant deux minutes et demie.

Palmiste galopait en tête du lot. Il allait à merveille sur le terrain mou. Et quand, sous l'enthousiasme de ses partisans et de tous les vrais sportsmen, heureux d'une facile victoire, il eut gagné sans avoir été rejoint, de trois longueurs, M. Chernuzon, les yeux mouillés, regarda M. Alcindor, qui haletait, lui aussi, comme après un spasme.

— Était-ce beau ! dit Albert.

— Nous avons vécu là une belle minute, dit William.

— Allons voir Palmiste ! dit Albert.

Ils descendirent de la tribune.

— Je vais être heureux de cette victoire-là toute la soirée, dit Albert. Mais je veux avoir quelqu'un à qui en parler. William, si vous voulez, nous dînerons tous les deux dans un restaurant des Champs-Élysées. Je vais envoyer une dépêche à ma femme.

Ils allèrent ensemble au bureau télégraphique.

— *Ne m'attends pas ce soir. Absolument forcé dîner au club. Tendresses. Albert.*

... Je ne lui donne pas le résultat du Derby. Ça ne l'intéresserait pas.

— ... Je lui avais vaguement dit que je viendrais dîner avec vous, dit M. Alcindor. Vous pourriez peut-être ajouter un mot pour m'excuser.

M. Chernuzon ajouta trois mots sur sa dépêche :

— *Je garde Alcindor.*

FIN

TABLE DES MATIÈRES

ÉMILE COLIN, IMPRIMERIE DE LAGNY (S.-ET-M.)